청두 成都

청두는 쓰촨성의 성도로, 중국의 남서부에 위치해 있다. 우리나라에서 직항을 탈 경우 4시간 정도 비행시간이 소요되는데, 2019년 3월 기준으로 저녁에 출발하여 청두에 밤늦게 도착하는 노선이 많은 편이다.

청두의 기후는 대체로 온화하나 일조량이 적고 항상 구름 같은 안개가 자욱하게 끼어 있다. 여름에는 기온이 높지 않지만 습기 때문에 지치기 쉽고 비도 자주 온다. 겨울 역시 영하로 떨어지는 날은 잘 없으나 습기 때문에 한기가 으슬으슬하게 스며든다. 따라서 청두를 여행하기에 가장 좋은 시기는 봄과 가을이다.

매년 3월, 청두에서는 '국제도화절'이라는 행사가 열린다. 청두 곳곳의 도화림을 거니노라면 중국의 유명 드라마 〈삼생삼세 십리도화〉의 주인공이 된 듯한 기분을 느낄 수 있다. 4월의 청두는 어디를 보아도 봄이다. 녹차를 주로 마시는 청두 사람들이 일 년 마실 차를 쟁여놓는 시기이기도 하다. 이 시기에 간다면 청두 근교의 차 밭에서 차를 만드는 모습을 직접 볼 수도 있고, 청두 시내의 찻집에서 봄 향기 물씬 나는 녹차를 맛볼 수도 있다. 5월은 두보초당 붉은 담장 위로 자라난 대나무가 가장 아름다운 시기다. 그야말로 신록이라는 단어의 의미를 몸으로 느낄 수 있다.

가을의 청두 역시 매우 아름답다. 9월이 되면 청두에 작고 노란 꽃이 핀다. 그 향이 만리를 간다 해서 만리향이라는 별칭이 붙은 계화다. 10월이 되면 청두 근교의 산은 모두 붉은 옷으로 갈아입는데, 그 흠뻑 든 단풍이 마치 유화 물감을 칠해놓은 듯 두터운 질감을 느끼게 한다. 취향에 따라 다르겠지만, 청두의 음식들은 아침저녁으로 쌀쌀해지는 시기에 유난히 어울리는 느낌이다. 미식가라면 가을의 청두를 충실하게 즐길 수 있을 것이다.

아바장족창족
자치주

광위안   바중

몐양   다저우

더양   난충

쓰이닝

청두 ●   광안

쓰양

간쯔장족자치주   메이산   네이장

야안   쯔궁

러산

이빈   루저우

랑산이족자치주

판즈화

쓰촨성四川省

청두, 혼자에게 다정한 봄빛의 도시에서

청두, 혼자에게 다정한 봄빛의 도시에서

미식, 차향, 느긋함이 만들어준 여행의 순간들

이소정 지음

위즈덤하우스

일러두기

▷ 중국 현대 인명과 지명, 음식명 등은 국립국어원 외래어 표기법에 따라 발음 나는 대로 표기하되, 현대 이전 왕조명과 인명 등은 한자음으로 표기하였다. 단 중국어 표기법과 현지 발음의 차이가 많이 나는 경우 현지 발음을 살려서 표기했다.

▷ 우리나라에서 한자음과 중국어 표기법이 혼용되어 사용되는 몇몇 지명과 관광지명은 독자들의 이해를 돕기 위해 괄호 속에 한자 독음을 표기하였다. 다만 황하, 아미산, 두보초당, 마파두부처럼 우리에게 한자음으로 익숙한 지명, 관광지명, 음식명 등은 한자음으로 표기했다.

▷ 이 책에서 소개하는 관광지와 음식점, 카페 등 구글맵으로 위치를 확인할 수 있는 곳은 최대한 QR코드를 붙여 여행에 도움을 주고자 했다. 구글맵에 등록되어 있지 않은 곳은 주소에 근거하여 위치한 건물, 거리 등으로 위치를 표시했다. 다만 중국에서는 구글맵을 이용할 수 없기 때문에 현지에서는 가상사설망(VPN) 등을 사용해야만 구글에서 위치를 확인할 수 있다.

프롤로그

"청두? 한 달이나 여행을 간다고? 거기가 어디인데?"

작년 봄, 한 달 동안 청두 여행을 다녀왔다. 내가 청두에 여행을 간다고 했을 때, 그리고 청두에 다녀왔다고 했을 때, 주변의 반응은 대체로 청두가 어디기에 한 달이나 가느냐는 것이었다. 그때마다 우리에게 청두가 아직은 낯선 도시라는 것을 실감하곤 했다.

청두는 중국 쓰촨성의 성도로 인구 1,600만의 거대 도시다. 내륙에 위치한 도시라 상대적으로 한국과 교류가 적어 낯설게 들리는 이름이지만 청두의 옛 이름이 촉蜀이라는 사실을 알고 나면 친숙하게 느낄 사람이 많을 것이다. 초나라와 한나라의 전쟁 시절, 유방이 잔도棧道를 끊고 들어갔던 곳도 촉이었고,《삼국지연의》에서 유비가 제갈량의 권유를 받아들여 삼국 정립의 형세를 취하기 위해 얻은 땅도 촉이었다. 중국 문학에 관심 있는 이라면 이백이 어린 시절을 보낸 곳이자 두보가 만년에 안식을 찾은 곳 역시 촉이었다는 것을 알고 있을 것이다. 고고학에 관심이 있다면 신비한 청동 인면상이 가득한 싼싱두이를 떠올릴 것이고, 무협지를 좋아하는 이라면 아미파의 여승들을 생각해낼 것이다. 또한 중국하면 떠오르는 동물, 판다를 키우는 판다기지 역시 청두에 있다.

최근에는 식도락을 좋아하는 사람들 사이에서 청두가 화제가 되고 있는데, 몇 년 사이 한국에서 유행 중인 훠궈, 마라샹궈, 마라탕이 모두 쓰촨 요리로 분류된다. 이들 음식을 좋아하는 사람이라면 한 번쯤 청두를 방문해보고 싶은 욕구가 생길 것이다. 애주가라면 우량예의 고향이 청두에서 차로 몇 시간 떨어진 이빈이라는 것을 알면 눈이 뜨일 것이고, 차를 좋아하는 이라면 청두 근교의 다원 사진을 보는 것만으로도 벌써 차향이 풍겨오는 기분을 맛볼 수 있을 것이다.

청두는 낯선 이름이지만 청두가 품고 있는 수많은 것들은 한국인들에게 결코 낯설지 않다. 우리는 알게 모르게 청두의 수많은 풍경을 마음에 품고 있다. 그리고 청두에 가서 상상 속의 그 풍경들을 꺼내보면, 실재하는 풍경이 상상 속 그 풍경들보다 훨씬 매력적이라는 사실을 깨닫게 될 것이다.

청두는 중국 다른 도시에서는 찾아보기 힘든 특유의 매력을 품고 있다. 중국에서는 청두를 '한번 발을 들이면 다시는 떠나고 싶지 않은 도시'라고 부른다. 실제로 청두에서 사귄 친구 하나는 구이린 출신이었는데, 청두에 여행을 왔다가 정신을 차려 보니 청두에서 살고 있었노라며 웃으며 말했다.

"조심해야 해. 청두에 오면 사람이 도시에 녹아버리는 것 같다니까. 어느 순간 내가 이 도시의 일부가 되어버려서 고향을 잊고 돌아가지 않게 되더라고. 내 고향 구이린도 아름답기로 중국에서 둘째가라면 서러운 곳인데도 말이야."

나도 웃으며 답했다. 청두에 온 후로 매일 밤 어떻게 하면 청두에 정착할 수 있을까 고민하며 잠든다고. 이미 청두의 매력에 포로가 되어버렸다고.

한번 발을 들이면 다시는 떠나고 싶지 않은 청두의 매력을 어떻게 설명해야 할까. 나에게 청두는 봄빛이었다. 두보초당의 나뭇잎 사이로 쏟아지는 청두의 햇살에서는 묘하게 다정한 냄새가 났다. 연둣빛 찻잎은 흰 개완을 제 몸빛으로 물들이고 있었고, 그 위로 둥실 떠오른 말리화 꽃잎은 몹시도 아련해 눈이 가늘어지도록 미소를 지으며 바라볼 수밖에 없었다. 얼굴에 와 닿는 바람이 몹시도 따뜻했고, 마치 작은 새가 지저귀는 것만 같은 청두 사람들의 방언이 정겨웠다.

청두에 가기 전, 나는 몹시 뾰족한 바늘 같은 상태였다. 지쳐 있었고, 다정한 위로가 필요했지만 누구와도 섞이고 싶지는 않았다. 청두에서 지내는 동안 나는 조금씩 둥글어졌다. 청두의 푸른 봄빛은 혼자였던 내게 안온한 감정을 느끼게 해주었다. 그렇게 청두 사람들의 느긋한 성품과 푸른 자연 속에서 둥글어져 가던 나는 비로소 청두라는 도시의 이름이 가진 의미를 깨닫게 되었다.

청두는 이룰 '성成'에 도읍을 뜻하는 '도都'를 쓴다. 즉 도읍을 이룬다는 뜻이다. 기원전 5세기, 고촉국古蜀国의 왕 두상杜尚이 현재의 청두 지역으로 천도하며 청두라는 이름을 지었다. 송나라 때의 지리서인 《태평환우기太平寰宇記》에 따르면, 두상은 서주西周 시기 태왕太王의 일을 본떠 청두라는 이름을 가져왔다고 한다.

주 태왕이 양산梁山을 떠나 기산岐山에 다다르니, 일 년 만에 읍이 되었고(성읍成邑) 삼 년 만에 도가 되었다(성도 成都). 이러한 연유로 이름을 성도(청두)라 하였다.

당시 서주 태왕이 양산에서 기산으로 천도할 때 따르는 백성들이 많아 일 년 만에 읍이라 부를 만큼 사람들이 모여들었고, 삼 년이 되자 도시를 의미하는 '도'라고 부를 만큼 성장했다는 이야기다. 고촉국의 두상은 자신이 천도한 곳 역시 사람들이 모여들어 도읍을 이루기 바라는 마음으로 청두라는 이름을 지었다. 두상의 바람 때문이었을까? 청두 는 지리적 요건으로 인하여 중원을 통일한 제국의 수도가 된 적도 없고 역사의 전면에 나선 적도 없다. 그러나 두상 이 천도한 이래 청두는 중원과는 전혀 다른 문화를 꽃피우 며 도읍을 이루게 되었다.

청두 분지를 둘러싼 지형은 험준하다. 이백이 〈촉도난 蜀道難〉에서 촉으로 가는 길은 하늘에 오르기보다 힘들다 고 탄식했을 정도로, 외부인이 청두로 들어가기란 불가능 에 가까울 만큼 험난했다. 그러나 옛 중국인들은 그 험한 지형에 길을 내고 다리를 놓아 잔도를 만들었다. 시안에서 청두에 이르는 이 길을 옛 촉나라의 길이라는 의미로 고촉

과거 파촉으로 들어가는 길은 오직 험한 산길에 만들어놓은 벼랑길, 잔도뿐이었다.

도古蜀道라고 부르는데, 중국인들은 고촉도를 만리장성, 대운하와 함께 중국의 3대 불가사의로 부른다. 이 불가사의한 고촉도를 따라 사람들은 청두로 왔고, 도읍을 이루었다.

청두의 옛 이름인 촉과 지금의 충칭 일대를 의미하는 파巴를 합쳐 파촉이라고 부르는데, 예로부터 파촉은 그곳에 가기까지의 험한 길 때문에 한 번 가면 다시는 돌아오지 못하는 곳이었다. 하지만 2017년 12월 시안에서 청두로 가는 고속철도가 정식으로 개통되면서 이제 그 길이 겨우 네 시간이면 갈 수 있는 길이 되었다.

비행기표를 예매한 후 내가 가장 많이 들었던 질문, 청두에 왜, 그것도 한 달이나 가느냐는 질문에 대해 그때는 무어라 답해야 할지 알 수 없어 망설이곤 했다. 내 안에 가득 찬 청두의 푸른 이미지를 풀어놓는 것이 어쩐지 어렵게만 느껴졌기 때문이다. 하지만 지금은 이렇게 말할 수 있을 것 같다. '청두의 푸른빛을 따라 청두로 모여 도읍을 이루었던 사람들처럼, 그렇게, 자연스럽게.' 그렇게, 자연스럽게. 무엇엔가 홀리기라도 한 것처럼 나의 청두행은 결정되었다.

2019년 3월

이소정

차례

北庭策橋暢其文脈

1장

청두의 맛

청두로 여행을 가기로 결심한 후, 비행기표를 예매하고 비자 신청을 끝냈다. 그다음으로 해야 할 일은 무엇일까. 그렇다. 숙소, 한 달 동안 머물 숙소를 결정해야 했다. 나는 청두 지도를 펼치고 한참을 노려보다가, 침착하게 휴대폰을 들어 중국 친구에게 위챗WeChat* 메시지를 보냈다. 서로 반갑게 인사하고 근황을 물은 후, 나는 바로 본론으로 들어갔다.

"청두 여행을 가려고 하는데, 주변에 맛있는 식당이 많은 동네 좀 추천해줘. 숙소를 어디로 잡아야 할지 모르겠어."

청두 출신 친구는 활짝 웃는 이모티콘을 보냈다.

---

* 중국 최대 인터넷 서비스 업체인 텐센트에서 운영하는 모바일 메신저.

"숙소는 그냥 아무 데나 잡아도 괜찮아. 청두 사람들은……"

폰으로 주고받는 메시지였지만, 친구의 웃는 얼굴이 보이는 것 같았다.

"청두 사람들은 먹을 줄 아는 사람들이야. 그래서 청두에는 유별난 맛집이 없어."

"먹을 줄 아는 사람들? 유별난 맛집이 없다고?"

"응, 청두는 식도락을 좋아하는 사람들이 아니라 먹는 법을 아는 사람들이 사는 곳이거든. 전체적으로 맛에 대한 기준이 높다 보니 어느 식당에 가도 다 맛있어. 그래서 유별난 맛집이 없는 거지."

나는 반신반의하며 물었다.

"지금 청두에 대해 이야기하는 거 맞지? 천국이 아니라?"

친구는 다시 한 번 활짝 웃는 이모티콘을 보냈다.

"청두에 가보면 알게 될 거야. 이 말이 무슨 의미인지."

쓰촨의 매운맛, 마라

내가 과연 친구가 한 말의 의미를 이해할 수 있었는지 이야기하기에 앞서, 먼저 마라麻辣에 대한 이야기를 한바탕 늘어놓아야 할 것 같다. 청두는 쓰촨의 성도이고, 쓰촨 음식을 이야기하는 데 있어 마라를 언급하지 않을 방법은 없으니까.

중국 사람들이 늘상 하는 말 중에 쓰촨 사람들은 매운맛을 무서워하지 않고, 구이저우貴州 사람들은 안 매울까봐 무서워하며, 후난湖南 사람들은 매워도 무서워하지 않는다는 말이 있다. 중국에서 쓰촨, 구이저우, 후난 사람들이 매운 것을 유난히 잘 먹는다는 이야기인데, 각 지역마다 추구하는 매운맛이 다르고 그 매운맛을 부르는 이름도 다르다.

후난 사람들은 고추기름에 참기름을 섞어 매운 향을 돋운 샹라香辣를 사랑하고, 구이저우 사람들은 고추기름에 오래 묵힌 식초를 넣어 시큼하게 매운 쑤안라酸辣를 진정한 매운맛으로 친다. 그리고 쓰촨 사람들은 라자오辣椒라 부르는 고추로 낸 기름에 화자오花椒라 부르는 초피 기름을 섞어 입안을 마비시킬 정도로 얼얼한 매운맛을 내는데, 이 매운맛을 마비된다는 의미의 마麻에 맵다는 의미의 랄辣을 더해 마라라고 부른다.

이 얼얼한 매운맛, 마라를 어떻게 설명할 수 있을까. 고민에 고민을 거듭했지만, 마라를 먹어보지 않은 사람에게 마라의 맛을 설명한다는 것은 어렵게만 느껴진다. 오히려 샹라와 쏸라의 맛이라면 어찌어찌 비슷하게 설명할 수 있을 것 같지만, 마라의 그 알싸하게 얼얼한 맛은 말로는 설명하기 불가능한 영역이 아닐까 싶다. 다만 한 가지 확실하게 말할 수 있는 것은, 내가 살면서 잊을 수 없는 날이 많고도 많지만, 마라를 처음 만난 날은 정말이지 평생 잊을 수 없을 것이라는 점이다. 마라를 처음 만난 날은 내가 마라와 사랑에 빠진 날이니까.

마라의 맛을 처음 만난 곳은 베이징의 한 훠궈 식당에서였다. 훠궈는 불 위에 올려놓은 냄비 안에 각종 식재료를 넣어 익힌 후 먹는 음식으로, 우리의 전골 요리와 비슷하다. 중국 어느 지역에 가나 쉽게 찾아볼 수 있는 음식이고, 그 지역 특유의 식재료로 국물을 내기 마련이다. 그날 내가 간 훠궈 식당은 쓰촨식의 마라훠궈를 하는 식당이었다.

테이블 가운데는 솥이라 불러도 될 만큼 커다란 냄비가 놓여 있었고, 태극 모양으로 갈라진 냄비의 한쪽에는 불길처럼 타오르는 붉은 탕이, 다른 한쪽에는 뽀얀 육수가 끓고 있었다. 홀린 듯이 냄비 안을 들여다보고 있노라니 정갈하게 준비된 음식 재료들이 차례차례 나왔다. 둥글게 말아놓은 얇은 양고기, 편으로 썰어놓은 감자며 고구마, 물기 맺혀

싱싱해 보이는 채소며 감자 전분으로 만들어 반투명한 넓적 당면까지.

나는 젓가락으로 양고기를 한 점 집어 조심스럽게 그 타오르는 붉은 기름에 담갔다가 불안한 표정으로 입가에 가져갔다. 붉게 물든 양고기를 입에 넣는 순간, 혀끝부터 아리게 얼얼해졌다. 그리고 무어라 표현할 수 없는 뜨거운 느낌이 입 전체로, 목 안으로, 콧속으로, 그리고 온몸으로 퍼졌다. 그야말로 아찔했다.

"어때? 먹을 만해? 너무 매워?"

나를 훠궈집에 데려간 친구가 생글거리며 물었다. 먹을 만하냐고? 대체 뭐라 대답해야 할지 알 수 없었다. 격렬하게 끓어오르던 붉은 탕의 맛은, 아팠다. 혀끝도 목 안쪽도 너무 얼얼하니 아파서 도저히 다시 먹을 수 있을 것 같지 않았다. 그러나 그렇다고 먹지 않자니 뭔가 아쉬웠다. 아주, 아주 많이. 그래, 그 알싸한 맛을 다시 느끼지 못한다는 것이 아쉬웠다. 이미 내 콧속을 가득 채운 마라 냄새가 나를 유혹하고 있었다. 먹으라고, 계속 먹으라고. 이 마라의 맛을 느끼고 기분 좋아지라고.

"그런데, 이게 매운맛이라고?"

중국에 가기 전 내가 아는 매운맛이란 한국의 고추장이

나 고춧가루에서 느끼는 매운맛이었다. 훠궈의 붉은 탕에 음식 재료를 담가 먹으며 느끼는 매운 느낌은 그간 내가 알던 매운맛과 자못 달랐다. 분명 매운맛은 매운맛이되, 무척 새로웠다.

"중국에서는 이런 맛을 마라라고 해."

"마라?"

"응, 중국어로 '라辣'가 맵다는 뜻이야. 중국에서는 매운맛을 여러 종류로 나누거든. 마라는 그중 하나지. 쓰촨 요리야."

"마라…… 쓰촨……"

나는 다시 한 번 양고기를 집어 초피가 둥둥 떠 있는 붉은 탕에 담갔다가 입으로 가져갔다. 얼얼한 느낌은 여전했지만 첫입보다는 조금 나은 것도 같았다. 나는 열기를 식혀 준다는 차가운 매실 주스를 한 모금 마시고, 이번에는 매끄러운 당면을 집어 먹었다. 입안이 얼얼하게 마비되는 감각과 함께 괜스레 기분이 좋아졌다. 도저히 젓가락질을 멈출 수가 없었다. 마침내 붉은 탕 깊은 곳에 오래 잠겨 있어 흐물흐물해진 감자 편을 먹었을 때, 나는 마라와 사랑에 빠졌다. 그 후로 지금까지 나는 마라와 서로 배신하는 일 없이 꾸준한 사랑을 이어오고 있다. 사람들이 마라의 맛을 설명

할 때 얼얼하게 맵다는 말 외에 중독적이라는 말을 덧붙이
곤 하는 것으로 보아, 아마 나처럼 마라와 사랑에 빠진 사
람이 적지 않은 것 같다.

──────── 마라 맛의 기원

　그렇다면 중국인들은 이 마라의 맛을 언제부터 즐기기
시작했을까?

　중국 지도를 펼치면 두 줄기 거대한 강이 보인다. 북쪽의
황하黃河와 남쪽의 장강長江이다. 과거 중국에서 하河라는
글자는 황하를, 강江이라는 글자는 그대로 장강을 의미할
정도로 중국인들에게 이 두 강의 의미는 깊다. 지금도 황하
가 지나는 지역을 '황하 문화권', 장강이 지나는 지역을 '장
강 문화권'이라 부를 정도로, 황하와 장강은 중국인들의 삶
과 밀접한 영향을 맺고 있다.

　쓰촨을 흐르는 강은 장강 상류에 속한다. 장강은 중국에
서 가장 긴 강이다. 서쪽 칭하이青海에서 시작하여 동쪽 끝
상하이까지 대륙을 가로질러 흐르는 강. 찬찬히 지도를 짚
어가 보노라면, 수많은 물줄기가 합류하여 거대한 강을 이

루는 것을 볼 수 있다.

고래로 강은 사람들의 삶의 터전이었다. 기원전, 쓰촨 사람들은 이미 장강의 지류인 민강閩江에 두장옌都江堰(도강언)이라는 수리 시설을 건설하여 홍수를 막고 농사를 지었다. 강물에는 배를 띄우고, 강줄기가 교차하는 곳에는 부두를 만들었다. 그렇게 사람들이 모여 도시가 발달하고 지역 특유의 문화가 생겨났다. 쓰촨 동남부, '술의 성'이라는 별칭으로 불리는 루저우瀘州 역시 그렇게 생겨난 도시다.

청나라 도광제道光帝 시절, 장강과 타강沱江이 교차하는 지역이던 루저우에 샤오미탄小米灘이라 불리는 부두가 있었다. 작은 배들을 대기 알맞은 지역이었던지라, 가난한 뱃사공들이 유난히도 많이 모여들었다. 뱃사공들은 배를 정박시킨 후 추위를 피하기 위해 불을 피우고 음식을 마련했다. 가진 것 없는 이들이니 조리도구라 해봤자 질동이 하나가 전부였다.

상상하면 참 재미있는 광경이다. 물안개 가득 피어오른 강가, 뱃사공들이 하나둘 뭍에 오른다. 제일 먼저 오른 이가 불을 피우고, 그다음 오른 이는 그 위에 질동이를 얹고 물을 끓인다. 삼삼오오 둘러앉아 각자 가져온 재료를 질동이 안에 넣는다. 뱃사공들의 질동이 안에는 어떤 식재료가 들어갔을까. 가난한 사정에 비싸고 귀한 식재료를 넣을 수는 없었을 것이다. 누군가는 배추 한 포기, 또 누군가는 감자 몇 알, 그리고 누군가는 배에서 잡아온 민물 생선 한 마리. 그렇게 질동이에 모든 재료를 넣어 끓이며 각자의 인생도 함께 끓였을 것이다.

전통적으로 식재료마다 품은 성질이 있다고 믿었던 중국인들은 채소를 많이 먹으면 몸에 습한 기운이 든다고 생각했다. 뱃사공들은 습을 제거하기 위해 채소 위에 라자오라 부르는 쓰촨 고추와 화자오라 부르는 쓰촨 초피를 올렸다. 그렇게 입안을 마비시킬 정도로 얼얼하고 매운 쓰촨식 마라훠궈가 탄생했다. 중국의 대표 음식 중 하나로 꼽히는 마라훠궈가 자그마한 부두, 가난한 뱃사람들의 질동이에서 태어났다는 이야기는 어딘가 애틋한 부분이 있다.

우리나라도 마찬가지지만, 중국을 여행하다 보면 약간은 텃세를 느끼기 마련이다. 예를 들자면 상하이를 여행할 때 내 말투에서 베이징 사투리를 읽어낸 상하이 사람이 집요할 정도로 '상하이가 좋은지, 베이징이 좋은지' 물어온 적이 있다. 베이징에서 유학하던 시절에도 외국인인 것을 들키고 나면 소소하게 불편해졌던 일들이 꽤 있었다. 그런데 청두는 달랐다. 청두에서 지내는 한 달 동안, 나는 청두를 잠시 스쳐가는 손님이라기보다 원래 청두 사람이었던 것 같은 느낌을 받았다. 청두를 떠나기 전 청두에서 사귄 친구에게 이 느낌을 이야기하자 친구는 청두 특유의 훠궈 문화 때문이라고 이야기했다.

청두 사람들에게 훠궈는 매우 특별한 음식이다. 청두 사람들은 청두의 3대 문화로 훠궈 문화, 차 문화, 마작 문화를 들 정도로 훠궈를 사랑하는데, 청두 사람들에게 훠궈가 상징하는 것은 그 어떤 식재료라도 받아들여 맛있게 물들여주는 포용의 정신이다. 옛 뱃사공들은 질동이에 각자 가진 식재료를 넣을 때, 처음 보는 사람이라 해서 피하지 않았을 것이다. 아마 서로 엉덩이를 붙여 앉으며 앉을 자리를 마련해주고, 새로 온 사람에게 배춧잎 하나라도 더 먹으라고 집어주었을 것이다. 어린 시절부터 각자의 인생을 넣어 끓인 훠궈를 나누어 먹은 청두 사람들은 그렇게 뱃사공들의 포용의 정신을 자연스레 체득했다. 그런 사람들 속에서라면 잠시 머물다 가는 여행자라도 청두라는 거대한 훠궈 안에 녹아내리는 자기 자신을 발견하는 것이 그렇게 놀라운 일은 아닐 것이다.

청두에는 마라탕이 없다?

위에서도 이야기했듯, 내가 처음으로 마라의 맛을 알게 된 것은 베이징의 쓰촨식 훠궈 식당에서였다. 내가 베이징 에서 유학하던 시절, 베이징에는 그야말로 쓰촨 요리 열풍 이 불고 있었다. 그중에서도 '마라'는 일정한 주기를 가지고 몇 번이고 되풀이하여 유행하는 아이템이었다. 일테면 마 라훠궈가 한참 유행하다가, 민물가재를 마라 양념에 볶아 낸 마라롱샤麻辣龙虾가 유행하다가, 또 이런저런 재료를 꼬 치에 꿰어 마라 국물에 담가 먹는 마라탕이 유행하다가, 마 라 양념에 이런저런 재료를 볶아 먹는 마라샹궈麻辣香锅가 유행하다가 하는 식이었다. 어쨌든 재료와 방식은 바뀔지 언정 마라의 맛은 계속 유행했고, 나는 마라와의 사랑을 꾸 준하게 이어나갈 수 있었다.

한국에 돌아온 후로는 한국에 거주하는 중국인들이 늘어 난 덕분에 훠궈는 물론이고 마라 요리를 하는 집이 조금씩 생겨나 갈증을 달랠 수 있었다. 그러나 어디까지나 갈증을 달래는 정도였지 만족스럽지는 않았다. 이미 내 혈관에는 피 대신 마라가 돌고 있었고, 나는 좀 더 강한 마라를 원했 다. 그리하여 청두 여행을 결정한 다음, 나는 매일 청두 지도를 보며 1일 1마라를 실천하겠다는 결심을 다졌다.

청두에 도착했을 때는 이미 밤 12시를 넘긴 시간이었다. 늦은 시간에 여자 혼자 택시를 타도 괜찮을까, 조금 걱정스럽기는 했지만 청두는 중국에서도 치안이 좋은 편이라는 말을 믿고 택시를 잡았다. 다행히도 그날 나를 태워준 기사님은 무척 유쾌한 성격으로, 청두에 처음 온다는 한국 여자에게 청두에 대한 좋은 인상을 심어주겠다는 의지로 충만해 있었다. 청두 외곽의 공항에서 청두 시내 한복판에 내가 예약해둔 아파트까지 가는 동안 기사님은 청두에서 가볼 만한 곳이며 유명 관광지를 청두 방언으로 말하는 법까지 쉴 새 없이 가르쳐주었고, 나는 휴대폰을 꺼내 필요한 정보를 메모하랴, 기사님을 따라 청두 방언을 발음해보랴 정신이 없었다.

"요즘 한국에서도 쓰촨 요리가 인기예요."

마침내 숨을 좀 돌리게 되었을 때, 나는 한국에서 쓰촨 요리가 붐을 일으키고 있다고 말했다. 왜 있잖아요, 훠궈도 인기지만 마라탕이랑, 마라샹궈랑 지금 한국에서 완전 유행이라니까요. 한국 번화가에 가서 젊은 사람들 붙잡고 물어보면 다들 마라탕이건 마라샹궈건 한 번은 먹어봤다고 할 정도라고요. 아 참, 청두에서 맛있는 마라탕을 먹으려면 어디로 가야 하나요? 그런데 기사님의 표정이 어쩐지 이상했다. 내가 고개를 갸웃하자, 기사님이 대답했다.

"청두에서는 마라탕도 마라샹궈도 팔지 않는걸."

나를 놀리시나, 하는 마음에 눈을 휘둥그레 뜨고 바라보니 기사님은 너털웃음을 지으며 날이 밝으면 청두에서 마라탕이나 마라샹궈를 파는 집을 한 번 찾아보라고 말했다. 나는 여전히 고개를 갸웃거리며 택시에서 내렸다.

다음 날, 나는 정말로 마라탕이나 마라샹궈를 파는 집을 찾기 시작했다. 그러나 청두 거리를 아무리 걸어도, 마라탕이나 마라샹궈라 쓰인 간판은 찾을 수가 없었다. 정말 청두 사람들은 마라탕도 마라샹궈도 먹지 않는 것일까? 그렇다면 청두 골목마다 흠뻑 배인 이 알싸한 마라 냄새는 대체어디에서 나는 것일까? 나는 다시 청두 출신 친구에게 메시지를 보냈다.

"내가 드디어 먹을 줄 아는 사람들이 사는 도시에 왔는데 말이야……"

현재 베이징에 살고 있는 청두 출신 친구의 말에 따르면, 어린 시절 마라탕이라는 이름으로 불리는 음식을 자주 먹었는데 바로 꼬치에 꿰인 식재료를 매운 국물에 담가 익혀 먹는 방식이었다고 한다. 그런데 그 음식이 곧 촨촨샹串串香이라는 이름으로 바뀌면서, 청두에서는 마라탕이라는 이름이 사라진 지 이미 오래되었다는 것이다. 마라탕이라는 이름은 청두가 아닌 다른 지역에서 살아남았는데, 현재 타 지역에서 유행하는 마라탕은 친구가 어린 시절 먹던 그 마라탕과는 다른 느낌이라고.

마라샹궈는 베이징에서 만들어진 요리라는 것이 정설이라고 한다. 쓰촨의 매운맛인 마라를 기본으로 하고 있으나, 쓰촨 음식이라기보다는 후난의 국물 없이 볶아 조리하는 간궈干鍋 요리에 마라 양념을 더해 만든 듯한 음식이라는 이야기였다.

"베이징에 와 보니 마라탕과 마라샹궈를 쓰촨 음식이라고 팔고 있어서 놀랍기도 하고 재밌기도 했어. 베이징에서 파는 마라탕은 꼭 청두의 촨촨샹과 마오차이冒菜를 섞은 것 같더라."

그 후로 청두에 있는 내내 열심히 살펴보았지만, 정말로 마라탕과 마라샹궈를 파는 집을 보지 못했다.

청두에서는 마라탕도 마라샹궈도 찾아보기 어렵지만, 골목마다 알싸한 마라 향이 배어 있다. 청두 사람들은 마라탕이나 마라샹궈 대신 찬찬샹을 먹고 마오차이를 먹는다. 찬찬샹은 훠궈를 즐기던 청두 사람들이 언제라도 쉽게 훠궈의 맛을 느낄 수 있도록 간단하게 개조한 음식으로, 거리 어디서나 쉽게 찾아볼 수 있다. 찬찬샹의 串은 꼬치라는 의미인데, 찬찬샹을 파는 집에 들어가면 보통 냉장고에 꼬치에 꿴 여러 가지 식재료가 쌓여 있다. 원하는 만큼 꼬치를 골라 주인에게 건네면, 주인이 마라탕에 담가 조리한 다음 자리로 가져다준다. 우리나라 길거리에서 어묵 꼬치를 먹는 것과 비슷한 느낌이랄까.

찬찬샹집에는 테이블마다 원통형의 긴 통이 하나씩 있는데, 다 먹은 꼬치를 통에 넣어두면 된다. 식사를 끝내면 보통 주인이 와서 꼬치 무게를 재거나, 꼬치 숫자를 세어 계산해준다. 손님은 먹은 만큼 계산하고 나오면 끝이다. 보통 찬찬샹집에서는 꼬치 외에 면류도 두어 가지 같이 팔기 마련인데, 꼬치를 가져다주며 부탁하면 면을 마라탕에 끓여 내오는 경우도 있고, 따로 조리해서 가져오는 경우도 있다. 만약 훠궈펀火锅粉을 파는 식당이라면 꼭 추가해 먹기를 추천한다. 훠궈펀은 감자 전분으로 만든 넓적한 당면으로 만든 국수인데, 보기에는 아주 간단한 요리 같아 보이지만 정말 맛있다.

청두를 여행하는 동안 머물던 동네의 촨촨샹집. 손님이 냉장고에서 꼬치를 고르고 있다. 이 집은 다 먹은 후 꼬치의 무게를 달아 계산하는데, 냉장고 위에 꼬치 한 근 (500g)에 148위안이지만 118위안으로 할인 중이라고 적혀 있다.

우연히 들어간 마오차이 집에서 먹은 마오차이. 곱창을 추가해 먹었다.

마오차이는 청두에서 기원한 음식으로, '마오차이는 한 사람이 먹는 훠궈, 훠궈는 여러 사람이 먹는 마오차이'라는 말이 있다. 어찌 보면 1인분 훠궈 같은 느낌도 들긴 한다. 마오차이를 만들기 위해서는 먼저 약재와 각종 향신료를 섞어 조미료를 만드는데, 보통 1인분에 대나무 국자로 한 국자의 조미료가 들어간다. 이 조미료를 그릇에 넣고, 솥에서 끓인 재료와 국물을 그릇에 담는다. 그리고 다시 그릇에서 국물을 한 국자 떠내는 것이 마오차이의 기본 조리법이다.

음식의 생김새만 보아서는 우리가 흔히 생각하는 마라탕과 전혀 다를 바가 없다. 그러나 마오차이가 마라탕과 다른 이유는 마오차이가 한 가지 맛을 지칭하는 것이 아니라 저런 조리법을 이용하는 모든 음식에 쓸 수 있는 단어이기 때문이다. 또한, 약재를 섞기 때문에 마오차이는 '마한 맛이 있되 마하지 않고, 라한 맛이 있되 라하지 않은 상태'를 유지하게 된다. 즉, 마라한 맛이지만 실제로 다른 마라를 먹었을 때와는 몸의 작용이 다르다는 이야기다. 그래서 마오차이는 촨촨샹과 달리 비장과 위장을 상하게 하지 않고, 몸에 열기를 일으키지 않아 노인이나 어린이도 먹을 수 있다.

또한 휘궈와 촨촨샹 국물은 보통 숟가락을 댈 수 없을 정도로 새빨갛게 매운 데 비해 마오차이는 보통 사람이 숟가락으로 국물을 떠먹을 수 있는 정도의 간을 유지한다는 것도 차이점이다.

아무튼 청두에 마라탕과 마라샹궈는 없지만 실망할 필요는 없다. 찬찬샹도 마오차이도 있으니까. 그리고 두 가지 음식 모두 굉장히 맛있다. 나는 청두에 있는 동안 정말로 1일 1마라를 했는데, 청두에서 먹는 마라는 나의 기대를 배반하지 않았다. 처음에는 청두에서 먹는 마라가 왜 다른 지역보다 유난히 맛있는지 이유를 명확하게 알 수 없어 고민했는데, 얼마 지나지 않아 깨닫게 되었다. 청두에서 먹는 마라가 맛있는 이유는 바로 마라를 만드는 향신료가 다른 지역과 다르기 때문이었다.

　청두에서도 마라장을 만드는 방식은 집집마다 다르겠지만, 라자오와 화자오는 필수로 들어가기 마련이다. 청두 사람들은 이 라자오와 화자오를 아주 신중하게 다룬다. 음식마다 각각 다른 지역의 라자오와 화자오를 쓰기도 하고, 무엇보다 향신료의 신선도를 아주 중요시한다. 덕분에 나는 청두에서 훠궈를 먹으며 신선한 향신료가 얼마나 깊은 맛을 내는지 알 수 있게 되었다. 청두 지역의 마라는 뭐라 표현해야 할까, 다른 지역에서 먹을 때보다 혀가 조금 더 마비되고 코가 조금 더 얼얼하고, 그리고 아주, 아주 많이 맛있었다. 지금도 청두에 있을 때 1일 1마라가 아니라 1일 2마라를 하고 오지 못한 것이 아쉬울 만큼 말이다.

'마라탕 국물까지 다 먹을 놈'이
욕이 되어버린 사연

중국에서는 훠궈 국물도 마라탕 국물도 먹지 않는다. 일
단 중국인들 개념에 훠궈와 마라탕은 식재료를 국물에 담
가 익혀 먹는 음식이지 국물을 마시는 음식이 아니기도 하
고, 국물이 너무 맵기 때문에 그 국물을 그대로 마셨다가는
배가 아파 응급실에 갈 가능성이 높기 때문이다.

중국에서 생긴 지 얼마 안 되는 욕 중에 '마라탕 국물까지
다 마실 놈'이라는 욕이 있다. 이 욕이 생겨난 데에는 사연
이 있는데, 몇 년 전 한 사람이 택시에 탔다가 앞자리에 합
승한 중년 여성의 전화 통화 장면을 촬영해 인터넷에 올린
것이 발단이 됐다. 여성은 딸과 통화 중이었는데, 딸이 남자
친구와의 결혼을 허락해달라고 이야기하고 있었다. 그런데
여성은 딸의 남자친구의 스펙이며 재산 정도를 묻다가 기
대에 미치지 못하자 화를 내며 외쳤다. "그렇게 가난해서야
마라탕 먹을 때 국물까지 다 마시겠네!" 이 영상은 중국에
서 폭발적인 조회수를 기록했는데, 중국 젊은이들 입장에
서는 무척 울컥했던 모양이다. 당시 중국 인터넷 게시판에
서는 '까짓 마라탕 국물 좀 마시면 안 되냐' 등등의 글이 올

라왔고, 사람들은 정말 마라탕 국물을 마시면 안 되는가를 두고 심각하게 토론을 벌였다. 토론의 결론은 '마라탕 국물은 마셔도 된다! 나는 안 마시겠지만……' 이었다고 한다.

'마라탕 국물까지 다 마실 놈'은, 상대의 경제 사정을 비하하는 말이므로 쓰지 않는 것이 맞다고 생각한다. 후에 중국의 한 드라마에서 저 인터넷 영상의 장면을 차용해 드라마 안 에피소드로 넣은 적이 있다고 한다.

──── 청두의 만둣국, 차오쇼우

중국식 만둣국을 보통 훈툰馄饨이라고 한다. 훈툰이 문헌상에 최초로 나타난 것은 한나라 때 양웅扬雄의 〈방언方言〉이다. 청나라 때 부찰돈숭富察敦崇이 지은 《연경세시기燕京岁时记》에 따르면 '대저 훈툰이라는 것은 생김새는 달걀과 같고, 자못 천지가 혼돈混沌한 모습과 닮아 있다. 그러므로 동지에 먹는다'고 하였다. 여기서 혼돈은 천지가 개벽하기 전 하늘과 땅이 아직 나뉘어지지 않은 때를 가리킨다. 국물 속에 만두가 퍼져 있는 모습에서 중국인들은 개벽 전의 혼돈을 느꼈던 모양이다. 그래서 이 혼돈이라는 단어와 발음

청두에서 머물던 동네에 있던 식당의 마라차오쇼우. 마라 국물에 차오쇼우가 풍덩하니 담겨 있다.

이 비슷한 훈툰이 만둣국을 가리키는 말이 되었다. 이 훈툰이 광동으로 가서는 원둔云呑이 되었고, 산둥에서는 훈둔이라고 발음하는데, 훈툰이라는 단어가 지역에 따라 변해가는 모습만 살펴봐도 무척 재미있을 것 같다.

아무튼 광동어나 산둥 발음이나 훈툰에서 크게 변형된 발음은 아니다. 그런데 쓰촨에서는 만둣국에 들어가는 만두와 그 만두 자체를 '차오쇼우抄手'라 부른다. 차오쇼우는 본래 팔짱을 끼다라는 의미인데(다른 사람과 팔짱을 끼는 것이 아니라 혼자서 두 팔을 가슴 앞에서 마주 끼는 팔짱을 의미한다), 대체 쓰촨에서는 왜 만둣국을 차오쇼우라고 부르는 걸까? 여기에는 두 가지 설이 있는데, 만두피가 얇아 팔짱을 끼고 잠시 딴청을 부리는 사이에 금방 익어 완성되기 때문에 차오쇼우라는 설, 그리고 만두를 빚을 때 양옆의 피를 잡아 뭉쳐놓는 모습이 사람이 혼자 팔짱을 낀 모습과 비슷해서 차오쇼우라는 설이다.

아무튼 중요한 것은 쓰촨의 차오쇼우는 맛있다는 것이다! 원래 만두가 맛없기도 어렵지만, 쓰촨의 차오쇼우, 그중에서도 마라차오쇼우는 마라 양념이 된 국물에 담겨 있기 때문에 더욱 맛있다. 집집마다 국물의 양은 달라, 어떤 집은 만두가 붉은 국물에 가려 보이지 않을 정도로 많고, 또 어떤 집은 국물이 양념 역할을 할 정도로만 자작하게 담겨 있기도 하다. 확실한 것은 어떤 방식으로 조리했건 계속 생각나는 맛이라는 것이다. 청두에 있는 동안 지내던 아파트 근처에는 차오쇼우를 파는 집이 많았는데, 식사를 하고 돌아오는 길에도 차오쇼우를 파는 곳이 보이면 들러서 먹고 싶은 충동을 억제할 수 없을 정도였다.

참, 청두에서는 차오쇼우를 팔 때 '량兩' 단위로 파는데, 보통 크기의 만두라면 1량에 6개 정도라 생각하면 된다. 먹고 싶은 만두 개수를 생각해서 1량 주세요, 2량 주세요, 하면 된다.

청두 서민들의 이야기가 담긴

마파두부와 푸치페이피엔

청두에 가면 꼭 먹어보아야 할 음식으로 훠궈와 찬찬샹, 차오쇼우 외에도 마파두부와 푸치페이피엔夫妻肺片이 있다. 이 두 가지 음식 모두 청두에서 시작된 음식으로, 누가 처음 시작했는지 정확한 이야기가 남아 있는 음식이다.

먼저 마파두부 이야기부터 해보자. 이야기는 청나라 동치제同治帝 원년(1861)으로 거슬러 올라간다. 당시 청두 외곽에 만복교라는 다리가 하나 있었다. 만복교는 강을 가로질러 시내로 들어가는 다리였는데, 길지는 않지만 상당히 넓은 나무다리였다. 다리 양옆으로는 제법 높은 난간도 있었고, 그림이 그려진 정자도 있었다. 다리로 오가는 사람들도 꽤 많았다. 자연스럽게 수레를 끌거나 가마를 떠메는 사람들도 모여들었다.

이 만복교 근처에 밥집이 하나 있었는데, 얼굴에 얽은 자국이 있는 여주인이 남편이 죽은 후 홀로 경영하는 밥집이었다. 여주인은 류劉씨였지만 죽은 남편이 천陳씨였기에 밥집 이름은 천싱성陳興盛이었다. 여주인은 태어날 때부터 얼굴에 얽은 자국이 있었던지라, 사람들은 얽었다는 의미의 마麻에 할머니를 뜻하는 포婆를 붙여 천마포陳麻婆(진마파)라고 불렀다.

작고 허름한 밥집이었지만, 천마포는 요리 솜씨가 좋았다. 가난한 이들은 근처의 정육점에서 고기를 사고, 두부 가게에서 두부를 사서 천마포에게 요리를 부탁하곤 했다. 그들 중에 기름 장수도 있었는데, 천마포는 기름 장수에게 받은 기름에 두반장을 이용하여 새로운 두부 요리를 만들어 냈다. 천마포의 요리 솜씨만큼 좋은 인심이 들어가서였을까, 사람들은 천마포의 두부 요리에 열광했다. 배가 출출해지면 사람들은 천마포네 두부를 먹으러 가자고 말했고, 이 두부 요리의 이름은 그대로 마파두부가 되었다.

가난한 사람들의 배를 채워주던 마파두부는 청나라 말기에 이미 청두에서 가장 흔히 먹는 음식 중 하나가 되었다. 현재 천마포의 작은 밥집은 마파두부 전문점이 되어 청두 안에만 여섯 곳의 지점을 두고 있고, 마파두부는 중국 어느 곳의 식당을 가도 흔히 볼 수 있는 대중적인 음식이 되었다.

푸치페이피엔 역시 천마포의 마파두부와 비슷한 이야기를 간직하고 있는 음식이다. 푸치페이피엔은 한국인들에게 마파두부보다는 낯선 음식이긴 하나 나는 한번 맛을 본 후

마파두부의 원조인 천마포더우푸의 마파두부.

청두에서 먹었던 마파두부 중 내 입맛을 가장 사로잡았던 미쉰차스의 마파두부.

로 쓰촨 식당에 갈 때마다 잊지 않고 시키곤 한다. 호불호가
갈리는 음식이긴 하지만, 좋아하는 사람은 아주 좋아하는 음
식이니 청두에 간다면 꼭 한번 먹어보라고 권하고 싶다.

푸치페이피엔의 유래 역시 1930년대로 거슬러 올라간다.

당시 청두에는 길에서 페이피엔을 파는 사람들이 많았다. 페이피엔은 못 쓰는 조각이라는 의미로, 주로 소의 내장이나 우설 등을 양념에 재웠다가 팔았기에 그런 이름이 붙었다. 궈차오화郭朝华, 장톈정张田政 부부는 이 페이피엔 요리에 전념해 새로운 요리를 만들어보기로 결심했다. 젊은 부부는 직접 정육점에 가서 팔다 남은 조각을 싸게 떼어와 다양한 방법으로 요리했다. 그리고 바구니에 페이피엔 요리를 담아 골목골목을 다니며 직접 팔기 시작했다. 사람들은 이 부부의 페이피엔 요리에 부부를 의미하는 부처夫妻, 즉 푸치라는 단어를 붙여 푸치페이피엔이라고 부르기 시작했다.

원조 식당의 푸치페이피엔.

부부의 저렴하고 맛있는 페이피엔은 곧 유명해졌고, 부부의 노력은 결실을 맺어 마침내 푸치페이피엔이라는 이름으로 가게를 내게 되었다. 못 쓰는 조각이라는 의미의 페이피엔废片이 음식 이름으로는 적당하지 않다 하여 '못 쓰다'라는 의미의 페이废를 허파를 뜻하는 페이肺로 바꾼 후, 한동안 소 허파 조각도 넣었으나 반응이 좋지 않아 다시 허파 조각은 뺀 페이피엔을 만들었다고 한다. 이 부부의 푸치페이피엔 식당은 지금까지도 이어져 내려와 청두에서 영업 중이다.

나는 이 두 이야기가 참 좋다. 청두 음식의 특징뿐 아니라 청두라는 지역의 특징을 잘 보여주는 이야기라는 생각이 든다. 청두 어디를 가도 풍요로운 느낌이 들지만, 그 풍요로움은 사치스러운 귀족의 풍요로움이 아니라 서민의 풍요로움이다. 청두를 대표하는 음식이 호화스러운 재료로 만든 요리가 아니라, 뱃사람들의 질동이에서 시작된 훠궈, 다리 옆 작은 밥집에서 얼굴에 얽은 자국이 있는 할머니가 해주던 두부 요리, 정육점에서 버리다시피 하는 부위를 맛있게 양념한 페이피엔이라는 것은 청두 사람들이 여유롭지 않은 상황에서도 미식을 추구하고 서로의 입에 맛있는 것을 넣어주고 싶어 하던 사람들이라는 것을 다시 한 번 깨닫게 해준다.

청두 어디에서나 먹을 수 있는 마파두부를 굳이 천마포 더우푸 본점을 찾아가 먹은 것은, 각자 가진 음식을 들고 천마포를 찾았던 가난한 사람들과 그들에게 최선을 다해 맛있는 요리를 해주었던 천마포의 이야기를 기억하고 싶기 때문이었다. 만복교 옆, 간판도 제대로 없는 작은 밥집에서 마파두부를 처음 먹었을 가난한 노동자들의 기쁜 눈빛을 내 눈에도 담고 싶었다. 역시 청두 어디에서나 먹을 수 있는 푸치페이피엔을 굳이 푸치페이피엔 본점을 찾아가 먹은 이유도, 정육점에서 싸게 떼어온 부위들을 손질하다가 서로를 보며 미소 지었을 젊은 부부를 기억하고 싶기 때문이었다. 그 부부가 바구니 가득 푸치페이피엔을 채워서 골목 골목 다닐 때, 사람들은 그 맛있는 페이피엔이 왔다며 달음박질쳐서 부부의 목소리를 쫓아왔을 것이다. 저렴하고 맛있는 푸치페이피엔은 사람들에게 그날의 기쁨이 되었겠지.

내가 주문한 마파두부 한 그릇에, 푸치페이피엔 한 접시에 청두 사람들의 이야기가 남아 있다. 그리고 그 이야기만큼 마파두부도 푸치페이피엔도 무척 맛있다. 익숙하지 않은 향신료와 양념에 처음 먹어본 사람은 조금 놀랄 수도 있지만, 한 입씩 먹다 보면 곧 그 맛의 진가를 알게 될 것이다.

여유와 미식을 즐기는
청두의 풍요로운 식탁

청두를 떠나기 전날, 나는 다시 친구에게 위챗 메시지를
보냈다.

"네 말이 맞아. 청두 사람들은 정말……"

"먹을 줄 아는 사람들이지?"

친구는 다시 한 번 활짝 웃는 이모티콘을 보냈다. 나도
같은 이모티콘을 보내며 수다를 늘어놓기 시작했다.

"어제 길을 걷고 있는데, 갑자기 웬 노점이 보이는 거야.
뭘 파나 하고 가봤더니 글쎄 감자를! 조그맣고 동그랗고 예
쁜 감자를! 마라 양념에 굴리고 있는 거야!"

"먹었구나."

"어떻게 먹지 않을 수가 있어…… 보기만 해도 딱 알겠더
라고. 맛있을 거라는 걸. 그리고 진짜로 먹는 순간, 귓가에
음악이 울려 퍼지는 것 같았다고."

"딴딴미엔担担麵은 먹었어?"

"딴딴미엔뿐이겠어? 티엔수이미엔甜水面도 먹었지!"

청두에서 유명한 면 요리라면 역시 딴딴미엔이다. 청두
의 딴딴미엔은 물기 없이 뻑뻑한 비빔면인데, 사실 중국 다

샤오밍탕 딴딴티엔수이미엔에서 꼭 먹어보아야 할 것들. 위로부터 차례대로 딴딴미엔, 두유, 티엔수이미엔이다.

른 지역에서도 정통에 가까운 딴딴미엔을 먹는 것이 그다지 어렵지 않다. 그래서일까, 중국인들은 청두에 가면 딴딴미엔보다는 티엔수이미엔을 먼저 먹으러 가는 것 같다. 제대로 만든 티엔수이미엔은 중국 다른 지역에서는 찾아보기 힘들기 때문이다.

"내가 간 집은 티엔수이미엔으로 일가를 이뤘다는 집이었는데, 마침 딴딴미엔도 하더라고."

"혹시 쓰촨 도서관 뒤쪽 작은 집? 아침 일찍 가도 줄을 서야 하는?"

"응, 유리병에 담은 달콤한 두유를 파는!"

쓰촨 도서관에 가던 날, 오전 열 시 좀 넘어 티엔수이미엔으로 유명하다는 작은 식당에 들렀다. 이른 시간인데도 사람들이 줄을 서서 기다리고 있었고, 여행의 마지막 혹은 첫 일정으로 들른 듯 캐리어를 끌고 온 사람도 있었다. 줄을 서서 기다리다가 티엔수이미엔 한 그릇과 딴딴미엔 한 그릇, 두유 한 병을 시켜 자리에 앉았다. 마침내 기다리던 티엔수이미엔이 나왔을 때, 나도 모르게 환호성을 질렀다. 젓가락보다 두툼한 면발은 유난히 힘이 있었다. 특유의 간장으로 간을 하고 부순 땅콩과 화자오가 살짝 얹혀 있는 단촐한 구성이었는데, 입에 넣으면 달달한 맛이 오래갔다. 중국인들이 왜 딴딴미엔보다 티엔수이미엔을 먼저 먹으러 오는지 알 것 같은 맛이었다.

"며칠 전에는 우연히 재미있는 이름의 식당을 발견하고 들어갔어. 런민스탕人民食堂(인민식당)이라는 이름이었지. 들어가 보니 정말로……"

"인민을 위한 식당이지?"

"응, 테이블마다 땅콩이 놓여 있고, 이가 나간 접시에 저렴한 재료로 만든 요리가 푸짐하게 올라가 있었어. 아무 생각 없이 요리 두 개를 시켰다가 하나도 다 먹지 못할 양이라 진땀을 흘렸지 뭐야. 식당에서 식사하는 사람들을 보는 것만으로도 무척 즐거웠어. 누군가는 술을 마시며 목청을 돋우고, 누군가는 데려온 아이 입에 감자 하나라도 더 넣으려 하고, 또 누군가는 그 시끄러운 곳에서 연애를 하고 있더라. 정말이지 인생의 모든 모습이 스쳐 가는 것 같았어. 그런데 그게 그렇게 좋더라고."

런민스탕에서는 밥을 시키면 대야만 한 그릇 가득 밥을 담고 주걱과 함께 가져다 준다. 배가 부를 때까지 밥을 마음껏 먹으라는 그 인심이라니. 친구의 표현대로 정말 인민을 위한 식당인 모양이었다.

청두 인민들의 평범한 식사 모습을 보고 싶다면 런민스탕으로 가보자. 푸짐하게 나오는 음식에서 이곳만의 넉넉한 인심을 느낄 수 있다.

"며칠 전에는 인쇄공장을 개조해 만들었다는 식당에 갔는데, 청두 가정식 코스 요리를 먹었거든. 그런데 먹다가 깜짝 놀랐지 뭐야."

"너무 맛있어서?"

"응, 맛있어서 놀란 거라고 할 수도 있겠지. 내가 놀란 건 흔히 볼 수 있는 재료들을 사용했는데, 그 재료들을 사용해 그런 맛을 낼 수 있을 거라고는 상상한 적이 없었거든. 청두 사람들은 먹을 줄 아는 사람들일 뿐 아니라……"

"요리도 할 줄 아는 사람들이지."

"생각해보면 먹을 줄 아는 사람들이니 당연히 요리도 잘하겠지. 당연한 일인데 어쩐지 놀랍더라. 중국 다른 지역이라면 그 정도로 요리를 잘하는 요리사들은 보통 비싸고 귀한 재료로 요리하지 않나? 비싸고 귀한 재료로 요리해야 요리의 값을 비싸게 받을 수 있고, 요리사의 격이 올라가는 그런 느낌도 있으니까. 그런데 그 식당의 요리사들은 정말 보통 서민들이 먹는 요리를 하고 있었어. 음, 뭐가 나왔더라. 오향장육이랑 청두에서는 아주 싼 재료인 죽순이 나왔고, 역시 청두의 서민 요리인 궁바오지딩宮保鸡丁*이 나왔

● 닭고기를 땅콩, 매운 고추와 함께 볶아 알싸하고 매콤한 맛과 향이 나는 쓰촨 요리.

고, 또 계란으로 곱게 만든 전병에 마파두부가 나왔고……
정말 아무 식당에서나 시켜 먹을 수 있는 요리들인데, 하나
하나 이 재료에서 이런 맛이 날 수 있구나 감탄이 나오도록
맛있었어."

나는 청두에서 코스로 나오는 중식 파인다이닝도 몇 곳
가보았다. 청두의 서민 요리를 모던하게 재해석한 요리를
내는 곳이 많았는데, 사치스러운 화려함이 아닌 넉넉하지
못한 가운데서도 여유와 미식을 즐기는 청두 특유의 풍요
로움을 추구하는 식탁이었다.

청두 사람들은 먹을 줄 아는 사람들이었다. 단순히 맛있
는 것을 즐기는 사람들이 아니라, 어떤 상황에서도 최상의
맛을 추구하는 사람들. 소박한 재료에서도 그 맛을 끌어내
어, 결국은 세계적인 요리로 만들어내는 저력이 있는 사람
들이었다. 그리고 그 저력은 질동이에 타인의 식재료가 들
어오는 것을 싫다 하지 않는 포용의 정신, 그리고 서로의
입에 맛있는 것을 넣어주고자 하는 다정함에서 나온 것일
테다.

청두의 멋을 보여주는 거리

콴자이샹쯔宽窄巷子

🏠 四川省成都市青羊区长顺街附近 부근
🕐 가게에 따라 다르다
🚶 지하철 4호선 콴자이샹쯔 역 하차

청나라의 강희제는 준가르를 평정하고 난 후 병사들을 청두에 남겨 주둔하게 했다. 남은 병사들은 원래 있던 성을 보수하여 만주족의 만滿자를 쓰는 만성을 쌓았다. 청나라 때 만성에서 살 수 있는 이들은 만주족과 몽골족으로 한정되었는데, 청나라가 몰락한 후에야 누구나 만성에 자유롭게 드나들 수 있었다. 이후 상인들이 만성 근처에 전당포를 열고 만주족과 몽골족들의 재산을 대량으로 수매하면서, 만성은 점차 여러 민족과 여러 계층이 함께 거주하는 곳으로 변해갔다.

당시 만성 안에는 후퉁胡同이 여러 곳 있었다. 후퉁은 우리말로 골목이라는 의미로 몽골어에서 왔다고 한다. 민국 시기에 청두시를 관리하던 이가 공문을 내려 후퉁을 샹쯔巷子로 바꿔 부르라고 하면서 흥인이라는 이름을 가졌던 후퉁은 콴이라는 이름을 새로 받아 콴샹쯔가 되었고, 태평 후퉁은 자이샹쯔가 되었다. 이 콴샹쯔와 자이샹쯔를 합쳐 콴자이샹쯔라고 부른다.

콴자이샹쯔를 가득 채우고 있는 것은 청두 특유의 회푸른 벽돌 벽의 사합원 건축물들로, 거리를 걷는 것만으로도 청나라 시대로 타임슬립한 것 같은 기분을 선사한다. 현재 콴자이샹쯔에는 식당과 찻집, 카페, 각종 기념품 가게가 들어서 있는데, 얼핏 보기에는 관광객을 대상으로 하는 시끌벅적한 거리 같다. 그러나 한 곳 한 곳 들어가 보면 의외로 고즈넉한 분위기를 지키고 있는 곳이 많고, 다른 관광객 대상의 거리보다 좀 더 격조가 있다. 특히 뒤에 소개할 콴쥐나, 2장의 산렌타오펀슈디엔, 6장에서 소개할 이예밍샨 같은 곳은 다른 데에서 찾아보기 힘든 보물 같은 곳들이다. 청두에 간다면 꼭 콴자이샹쯔에서 자신만의 보물을 찾아내기를 바란다.

청두위안양타이구리成都远洋太古里

🏠 成都市锦江区中纱帽街1号

🕐 가게에 따라 다르지만, 보통 10:00~22:00까지 영업한다

🚶 지하철 2, 3호선 춘시루 역에 하차 후 도보 3분

춘시루春熙路는 즐거운 거리다. 거대한 쇼핑몰인 IFS와 수많은 맛집들, 거기다 밤마다 자리를 펴는 노점상들로 하루 종일 시간을 보내도 전혀 지루하지 않다. 그리고 그 춘시루에서도 꼭 가보아야 할 곳이 바로 타이구리다. 타이구리는 명품 브랜드로 가득 찬 화려한 쇼핑몰이다. 그러나 내가 이곳에 꼭 가보라고 추천하는 이유는 쇼핑의 편리

성 때문이 아니라 타이구리가 전통과 현대를 조화시키며 청두라는 도시의 매력을 그대로 살려낸 곳이기 때문이다.

보통 타이구리라고 부르지만, 정식 명칭은 '청두위안양타이구리'다. 타이구리 곳곳에는 국내외의 예술가들을 초빙해 설치한 예술품들이 전시되어 있다. 그중에서도 광장에서 다츠쓰大慈寺(대자사)로 들어가는 문 안에 위치한 블레싱 핸콕Blessing Hancock의 만상漫想(Philospher's Stone)이라는 작품을 꼭 보기를 추천한다. 겉보기에는 평범한 스테인리스 조각품이지만, 자세히 보면 두보의 〈춘야희우春夜喜雨〉와 도연명의 〈귀원전거歸園田居〉를 비롯한 시구가 조각되어 있다. 날이 어두워진 후 조각에 있는 버튼을 누르면 조각 안에서 빛이 쏟아지고, 조각되어 있던 시구는 그대로 바닥에 그림자가 되어 춤을 춘다.

타이구리 한복판에 위치한 광장은 다츠쓰로 통하는 문과 마주보고 있다. 다츠쓰는 위진 남북조 시대부터 그 기록이 남아 있는 사찰로 현재의 건축물은 청나라 때 여러 번에 걸쳐 중건된 것이다. 다츠쓰는 서유기에 나오는 삼장법사의 모델인 당나라의 고승 현장이 출가한 절로도 유명한데, 신라 성덕왕의 셋째 왕자로 당나라로 건너와 입당한 무상선사無相禪師가 당 현종의 지원을 받아 중건한 역사가 있는 절이기도 하다. 당 현종은 이 절의 편액을 직접 쓰기도 했다.

이렇게 오랜 역사를 가진 절을 둘러싼 쇼핑몰이라니. 얼핏 들으면 눈살이 찌푸려질 수도 있다. 그러나 타이구리는 역사와 전통을 모던하

게 재해석하는 방식으로, 이 유구한 역사를 간직한 사찰과 조화를 이루는 데 성공했다. 타이구리 안을 걷다 보면, 종종 옛 건축물이 보인다. 이 거리를 조성한 사람들은 무리하게 옛 건축물을 철거하는 대신 그 건축물들과 비슷한 색감의 건축물을 세웠다. 현대가 과거 안으로 녹아 들어간 것이다.

타이구리를 걷고 있노라면 묘한 기분이 든다. 분명 내 주변을 둘러싼 건축물들은 현대적인데, 백 년 전 청두의 골목길을 걷는 것처럼 느껴지곤 한다. 옛 건물을 개조한 식당 겸 카페 UG가오자이UG高宅의 창가에 앉아 커피를 마시며 밖을 내다보면, 사람들이 걸어 다니는 모습이 마치 활동사진처럼 눈앞에 펼쳐지고 나는 오래된 건물 안에서, 백 년 전에 살았던 사람이 되어 현대를 구경하는 듯한 기분에 젖게 된다.

현대적으로 과거를 재해석한다는 것은 과거를 받아들인다는 것이다. 과거의 흔적들을 지워버리지 않고 조화를 이루려 하는 것은 청두 사람들의 포용력 덕분일 것이다. 청두는 역사적으로 여러 차례 대규모 이민자들을 받아들이며 성장한 도시로, 청두 사람들은 낯선 것을 있는 그대로 받아들이고 조화를 이루는 것에 익숙하다. 타이구리에서 발견한 전통과 현대의 조화 역시, 청두 사람들의 그런 성격을 잘 보여준다.

이 책에서 꽤 여러 곳 추천했지만 타이구리에는 괜찮은 식당이 많다. 지하에는 청두에서 가장 넓은 서점인 팡쒀슈디엔이 있고, 편안한 시간을 즐길 수 있는 찻집이나 카페도 많다. 다츠쓰에서 오래된 절의 분위기를 느끼며 차를 한잔 마시고, 다시 타이구리로 나와 모던한 음식점에서 청두 가정식을 즐긴 다음, 팡쒀슈디엔에서 흥미가 가는 책들을 넘겨 보다가 중국 젊은이들 사이에서 유명한 카페로 가 오후의 차와 케이크를 즐기다 보면 문득 자신이 청두 사람이 된 것 같은 느낌을 받는, 바로 그런 하루가 가능한 곳이다. 청두를 여행할 때 꼭 한 번은 들러보기를 추천한다.

훠궈 맛집

콴줘宽坐

🏠 成都青羊区宽巷子4号
📞 (028)86269777
🕐 11:00~22:00
🚶 지하철 2호선 런민궁위안 혹은 4호선 콴자이샹쯔 역 하차 후 도보 6분

기왕 청두까지 갔으니, 우아한 분위기에서 훠궈를 먹어보고 싶은 사람에게는 콴자이샹쯔 초입에 위치한 콴줘를 추천한다. 콴줘는 널찍한 사합원을 개조한 훠궈 전문점으로, 고색창연한 분위기의 방마다 테이블이 두세 개씩 있어 비교적 조용한 분위기에서 식사를 할 수 있다. 콴줘는 중국어로 '편안하게 앉다'라는 의미인데, 손님이 들어가면 직원이 '칭니콴줘(편안하게 앉으세요)'라고 맞아준다. 실제로 좌석

이 매우 편안하다.

사실 콴쮜의 훠궈는 완벽하게 정통 청두식이라고 하기는 어렵고, 그보다는 전통을 현대적으로 재해석했다고 보는 편이 나을 것이다. 다른 집 훠궈에 비해 조금 덜 자극적이고, 조금 더 깊은 맛이 난다. 홍탕도 보통 청두의 훠궈보다는 덜 매운 편이다. 개인적으로는 우리 나라에서 접하던 훠궈보다 훨씬 매운 청두 훠궈가 두려운 사람들에게 콴쮜를 추천하고 싶다.

식재료는 매우 신선하고, 서비스도 친절하다. 소스용으로 작은 캔에 담겨 나오는 참기름도 질이 좋고, 원산지에서 바로 가져온 쉐화雪花 맥주도 유통기한이 짧은 만큼 맛있다. 들어가서 자리를 안내받고 음식을 주문하고 식사를 끝내고 나올 때까지, 걸리는 것이 하나도 없는 집. 가격대는 조금 비싼 편으로 1인당 200위안 정도는 생각해야 하지만, 한 번 가볼 만한 가치는 있다.

이샤오관壹小馆

🏠 成都市锦江区中纱帽街8号 타이구리 2층(타이구리 점)
📞 (028)84451986
🕐 11:30~22:00
🚶 지하철 2, 3호선 춘시루 역에 하차 후 도보 5분

🏠 成都市锦江区红星路三段1号 IFS 5층 518호(IFS 점)
📞 (028)84451986
🕐 12:00~22:00
🚶 지하철 2, 3호선 춘시루 역에 하차 후 도보 5분

🏠 成都市武侯区二环路南三段20号(황청라오마 본점)

📞 (028)85139999

🕐 11:00~23:00

🚶 지하철 1호선 니자차오倪家桥 역, 퉁쯔린桐梓林 역이 그나 마 가깝지만 2km 이상 떨어져 있다. 택시 이용을 추천한다.

혼자 여행하는 경우, 훠궈를 먹으러 갈 엄두가 나지 않을 수도 있다. 훠궈란 원래 여러 사람이 모여 함께 먹는 음식으로, 커다란 냄비에 궈디라고 부르는 탕을 따로 돈을 내고 사야 한다. 혼자 먹기에는 분위기도 그렇고 가격도 부담스러울 수밖에 없는 음식이다.

그러나 중국에서도 혼밥족들이 늘어나는 추세라 중국 훠궈 프랜차이즈인 황청라오마皇城老妈에서 혼자 훠궈를 먹으려는 사람들을 위해 런칭한 식당이 바로 이샤오관이다. 이샤오관에서는 바에 앉아 레일 위에 얹힌 식재료를 집어 드는 회전 훠궈를 즐길 수도 있고, 혼자

먹기 적당한 분량의 훠궈 세트를 주문할 수도 있다. 회전 훠궈를 선택할 경우 궈디를 고르고 셀프바에서 소스와 음료 등을 직접 가져온 후 레일에서 원하는 식재료를 골라 궈디에 담가 먹으면 되고, 훠궈 세트를 주문할 경우 주문서를 받아 원하는 궈디와 채소류 7가지, 고기류 7가지 중에서 고르면 된다. 접시마다 겨우 두어 점 들어 있으니 양이 모자라지 않을까 생각할 수도 있지만, 실제로 먹어보면 꽤 배가 부르다. 예산은 1인 100위안 정도.

여기서 잠시 황청라오마를 언급하고 싶다. 황청라오마는 중국에서 유명한 훠궈 프랜차이즈로, 훠궈집 외에도 청두의 옛 찻집을 그대로 되살린 찻집 등을 운영하고 있다. 황청라오마 본점이 바로 청두에 있는데, 거대한 건물에 앞에서 언급한 회전 훠궈는 물론이고 두세 사람이 함께 먹을 수 있는 테이블부터 대형 연회석까지 모두 갖추고 있다. 황청라오마의 비법으로 만든 궈디나 소스도 판매 중이니 여유가 되면 들러보는 것도 좋다.

이샤오관 지점은 청두에 두 곳 있는데, 두 곳 모두 여행자가 들르기 좋은 곳에 위치하고 있다. 타이구리 지점의 경우 2층에 위치하고 있고, IFS 지점의 경우 5층에 위치하고 있다. 타이구리와 IFS는 모두 춘시루에 위치한 대형 쇼핑센터로, 이샤오관 외에도 맛집과 분위기 좋은 카페 등이 많다.

샤오룽칸 小龙坎

🏠 成都市锦江区东大街118号 란광·스다이화장蓝光·时代华章 빌딩 2층(춘시루 개념점)

📞 18980037530

🕐 24시간 영업

🚶 지하철 2, 3호선 춘시루 역에 하차 후 도보 5분

🏠 成都市东大街下东大街36号 란광위진샹화위안광창蓝光郁金香花园广场 빌딩 2층(춘시루점)

📞 (028)61999807

🕐 11:00~3:00

🚶 지하철 2, 3호선 춘시루 역에 하차 후 도보 8분

청두의 훠궈 중 가장 맛있는 훠궈는? 청두 사람들은 가장 매운 훠궈라고 대답할 것이다. 그렇다면 청두의 훠궈 중 가장 매운 훠궈는? 청두를 여행하는 동안 나는 만나는 청두 토박이들마다 꼭 한 곳씩 훠궈집 추천을 부탁했고, 가장 많은 사람이 꼽았던 훠궈집이 바로 샤오룽칸이었다. 청두에 본점을 두고 있는 샤오룽칸은 이미 중국 전역에 퍼진 프랜차이즈인데, 청두에 13곳의 지점을 두고 있다. 이중 관광객들이 가장 가기 쉬운 곳은 춘시루 역에서 가까운 춘시루 개념점과 춘시루 지점으로, 두 곳 모두 대기 시간이 만만치 않으니 기다리는 것이 힘들다면 차라리 덜 혼잡한 다른 지점을 찾는 것도 좋은 방법이다.

샤오룽칸의 훙탕은 내가 청두에서 먹어본 훠궈 중 가장 매웠지만, 그

만큼 맛있었고 식재료도 신선했다. 접근성이 좋은 지점의 경우 식사 시간에는 2시간 이상 대기해야 하는 일도 흔한데, 왜 사람들이 그렇게 오래 기다려서 먹는지 알 것 같은 맛이었다. 샤오룽칸에서 일하는 남직원은 룽디, 여직원은 룽메이라 부르는데, 전해내려오는 이야기에 따르면 한번은 샤오룽칸에서 일하던 룽디가 훠궈를 무척 좋아하는 여자친구를 사귀게 되었다고 한다. 두 사람이 사귀던 석 달 동안 여자친구는 무려 열 번도 넘게 샤오룽칸에 훠궈를 먹으러 갔고, 두 사람이 헤어질 때 룽디는 '너는 나를 사랑한 것이 아니라 그저 줄을 서지 않고 샤오룽칸 훠궈를 먹고 싶었던 것 아니냐'고 외쳤다고 한다. 애처로운 이야기지만 인간적으로 있을 법도 했을 이야기라 듣고 한참 웃었다.

청두 사람들이 훠궈 소스로 가장 좋아하는 것은 참기름에 너무 잘지 않게 다진 마늘, 곱게 다진 샹차이(고수)를 섞은 것으로, 위에 언급했던 관쮀나 황청라오마, 샤오룽칸 같은 유명한 훠궈집에서는 아예 참기름을 따로 판매할 정도로 질 좋은 참기름을 쓴다. 꼭 한 번 맛을 보기를 추천하고 싶다.

촨촨샹 맛집

촨촨샹의 경우 그저 길거리 어디에서나 네모 두 개에 꼬치를 꿰어놓은 '串'이라는 글자를 찾으면 된다. 다른 지역이라면 저 글자를 써놓은 식당은 보통 양꼬치 등 꼬치에 뀐 음식을 구워서 제공하는 경우가 대부분이겠지만, 청두에서 저 글자를 써놓은 곳은 백발백중 촨촨샹집이다. 경험상, 촨촨샹은 소위 '동네 맛집'이 유난히도 강력한 메뉴로 어느 집을 들어가도 모두 맛있었다. 동네에서 먹을 경우 보통 1인 30위안 정도를 예상하면 된다.

캉얼제 촨촨샹康二姐串串香

🏠 成都市锦江区中道街157号
📞 (028)86753161, 13018231143
🕐 11:00~재료 소진 시까지
(보통 저녁 6시 경에는 파장 분위기가 된다)
🚶 지하철 3, 4호선 스얼이위안市二医院 역이 가깝지만, 하차 후 꽤 걸어야 한다. 멀리 있는 다른 관광지에서 바로 가는 경우가 아니라면 지하철 이용은 권장하지 않는다.

한번은 택시를 타고 택시 기사에게 청두에 처음 오는 친척을 촨촨샹 집을 데려간다면 어디로 가겠느냐고 물었다. 기사님은 잠시 생각하다가 캉얼제로 가겠다고 했고, 나는 그렇다면 그곳으로 데려가 달라고 부탁했다. 그렇게 도착한 캉얼제 촨촨샹은, 그야말로 동네의 아주 흔한 맛집 같은 곳이었다. 무엇이 특별하길래 기사님은 나를 이곳으로 데려온 걸까, 궁금해하며 재료를 고르고 조리를 부탁했다. 그리고 마침내 나온 촨촨샹은 정말 매웠다. 청두에 있는 동안 1일 1마라를 외치며 매일 마라와 관련된 음식을 먹었고, 혀도 위장도 꽤나 단련되었다고 생각했지만 이곳의 촨촨샹은 상상 이상이었다. 하지만 너무 매운 나머지 온몸이 발갛게 익어가는 기분을 느끼면서도 계속 먹게 될 만큼 맛있었다. 왜 기사님이 청두에 처음 오는 친척을 데려가겠다고 했는지 알 것 같은 맛이었다.

청두에는 캉얼제 촨촨샹이 많은데, 캉얼제가 '캉 씨네 둘째 딸'이라는 뜻이기에 청두의 수많은 캉 씨네 둘째 딸이 가게를 내어 그렇게

많은 것인지, 아니면 지점인지는 모르겠다. 기사님이 나를 데려간 곳은 춘시루에서 한 정거장 거리 정도 떨어진 곳으로 걸어서 20분 정도 걸린다. 화려한 춘시루에서 바로 벗어나, 청두 서민들이 사는 동네를 구경하며 걷다 보면 의외로 금방이다. 아니면 공용자전거를 빌려 타고 가도 좋다.

촨촨샹도 맛있지만, 이 집의 훠궈편은 내가 청두에서 먹어본 훠궈편 중 최고였다. 이 집에 들린다면 훠궈편도 꼭 맛보기를 추천한다.

쭤렁찬 촨촨리佐冷馋串串里

🏠 成都市锦江区东大街下东大街166号
📞 (028)62671777
🕐 11:30~01:00
🚶 지하철 2, 3호선 춘시루 역에 하차 후 도보 9분

동네의 촨촨샹보다 조금 더 깔끔한 환경에서 촨촨샹을 먹고 싶거나, 촨촨샹의 매운맛이 부담스럽다면 쭤렁찬을 추천한다. 청두 젊은이들의 모임 장소로 각광받는 이곳은 훠궈와 촨촨샹을 결합한 형태의 음식을 판다.

카운터에서 번호표를 받고 한참 대기하다 들어가 자리를 안내받으면, 옷을 더럽히지 않도록 앞치마를 주고 가방을 넣어둘 상자도 제공하는 등 세심한 서비스를 제공한다. 메뉴판에서 원하는 탕 종류

를 고른 후, 꼬치들이 놓여 있는 냉장고로 가서 깔끔하게 손질된 100
여 종류의 꼬치들 중 먹고 싶은 것을 고르면 일단 먹을 준비는 끝. 그
다음으로 셀프 소스바에서 원하는 소스를 만들어 자리로 돌아와 골
라온 꼬치를 탕에 익혀 먹으면 된다. 즉 찬찬샹인 동시에 꼬치 훠궈
인 셈.

깔끔하고 분위기가 매우 밝다. 직원들도 친절하고, 무엇보다 꼬치를
담가 먹을 수 있는 탕을 홍탕과 백탕 두 가지로 한꺼번에 주문할 수
있다. 보통 청두 사람들은 당연히 홍탕만을 시켜 담가 먹지만, 마라
의 매운맛이 걱정된다면 두 가지 탕을 함께 시켜 조금씩 시도해보는
것도 좋은 방법이다. 가격대는 동네에서 먹는 것보다는 비싼 편으로,
1인 80위안 정도를 생각하면 된다.

그 외 추천 맛집

자이다예 차오쇼우翟大爷抄手

🏠 成都市金牛区树蓓巷1号附21号

📞 18602853531

🕐 11:00~14:00, 17:00~20:00

🚶 지하철 3호선 리자퉈李家沱 역 하차 후 도보 12분

차오쇼우는 촨촨샹과 마찬가지로, 우리 나라의 김밥이나 떡볶이 정도의 위상을 가진 음식이라 생각하면 된다. 어느 거리를 가더라도 차오쇼우를 하는 식당이 꼭 한 곳은 있고, 어디를 가더라도 기본 이상의 맛을 낸다. 다만 소위 차오쇼우 맛집이라는 곳들은, 맛있는 떡볶이집이 학교를 끼고 있듯 시내 중심가보다는 사람들이 사는 동네 근처에 있는 경우가 많아 짧은 일정으로 여행을 온 이들에게는 들르기 부담스러운 경우도 있다.

자이다예 차오쇼우는 자이 성을 가진 어르신이 만드는 차오쇼우라는 의미의 차오쇼우 전문점이다. 조상 3대 모두 면식업에 종사했고, 자이다예 역시 식료품 관련 회사에 근무하다가 퇴직한 후 차오쇼우 전문점을 차렸다.

차오쇼우는 보통 우리가 떡볶이에 김밥, 순대 등을 함께 먹는 것처럼 다른 음식들과 같이 먹는 경우가 많기 때문에, 차오쇼우 맛집은 많아도 차오쇼우 전문점은 많지 않다. 자이다예에서는 각종 버섯이나

새우 등 다양한 재료를 사용하고, 양념에 비비거나 끓이는 등 여러 가지 방식으로 차오쇼우를 요리해낸다. 청두 토박이들조차 이 집에 가면 '차오쇼우가 이렇게 다양한 방식으로 조리될 수 있는지 몰랐다' 고 혀를 내두를 정도. 또한 무료로 제공하는 무말랭이를 고추기름과 참기름을 살짝 적셔 깨물면 입에 와 닿는 감촉이 매우 좋다.

이곳에서는 매주 수요일 환경미화 노동자들을 대상으로 무료로 차오쇼우를 대접하기도 한다. 관광지에서 멀고 교통도 편하지 않아 꼭 가보라고 추천할 수는 없지만, 그래도 여유가 되면 한번 들러볼 만한 곳이다. 예산은 1인 20위안에서 30위안 정도면 충분하다.

리쉬안 중찬팅丽轩中餐厅

🏠 顺城大街269号 리츠칼튼 호텔 26층
📞 (028)83599288
🕐 11:30~14:00, 17:30~22:00
🚶 지하철 1, 4호선 뤄마스骡马市 역 하차 후 도보 8분

리츠칼튼 호텔成都富力丽思卡尔顿酒店 안에 위치한 중식당이다. 5성급 호텔 안에 위치한 식당이라니 가격대가 부담스럽지 않을까 걱정될 수 있지만, 생각만큼 비싼 가격은 아니다. 뷔페와 단품 주문 중 선택이 가능한데, 단품을 주문할 경우 1인 200위안 선으로 생각하면 된다.

이 식당은 광둥요리 전문점이지만, 호텔에 머무는 손님들을 위해서

인지 청두 특유의 요리도 몇 가지 내고 있다. 개인적으로는 이곳에서 먹은 청두 요리들이 맛있어서 꼭 추천하고 싶다. 주식으로 시킨 마라차오쇼우는 깔끔하게 매운맛이 일품이었고, 푸치페이피엔은 재료의 신선한 맛이 그대로 느껴지는 것이 내 입맛에는 푸치페이피엔 본점보다 맛있었다.

음식 양이 푸짐하게 나오는 편이므로, 두 사람이 갈 경우 냉채로 푸치페이피엔, 그리고 취향에 맞는 따뜻한 요리 하나에 각자 마라차오쇼우나 다른 주식만 시켜도 충분하다.

천마포더우푸陈麻婆豆腐

🏠 成都市青羊区青华路10号之附10-12(칭화루점)
📞 (028)87317216
🕐 11:00~21:00
🚶 지하철 4호선 차오탕베이루草堂北路 역이 그나마 가깝지만 하차 후 꽤 걸어야 한다. 두보초당 혹은 쓰촨 박물관 관람 후 들르기를 추천한다.

🏠 成都市青羊区西玉龙街197号(뤄마스점)
📞 (028)86743889
🕐 11:30~14:30, 17:00~21:00
🚶 지하철 1, 4호선 뤄마스骡马市 역 하차 후 도보 2분

🏠 金马街文殊坊收藏市场27号(원수위안점)
📞 (028)86935588
🕐 10:00~20:00

지하철 1호선 원수위안文殊院 역 하차 후 도보 7분. 원수위안 정문 바로 건너편에 있다.

마파두부를 처음 만든 천마포의 가게다. 청두에 천마포더우푸는 지점이 여러 곳 있지만, 여행자가 가기 쉬운 곳은 두보초당 건너편의 칭화루 지점과, 말을 파는 시장이 있었다는 뤄마스 지점, 그리고 원수위안(문수원) 건너편의 원수위안 지점이다. 맛은 대동소이하고, 가난한 이들에게 푸짐한 음식을 제공하려 했던 천마포의 뜻을 이어서인지 여전히 20위안 선의 저렴한 가격을 자랑한다. 청두에 오는 이들이라면 누구나 한번은 들러보는 식당인 만큼, 식사 시간에는 어느 지점에 가건 대기를 각오해야 한다.

검은 뚝배기에 나오는 마파두부는 뜨겁고, 초피 가루가 풍미를 돋운다. 식당의 다른 음식은 부탁하면 매운 정도를 조절해주지만, 마파두부는 본래의 맛을 잃지 않기 위해 맵기를 조절해주지 않는다. 그러나 상상하던 것처럼 아주 매운맛은 아니고, 밥과 함께 먹으면 적당한 느낌이다.

미쉰차스遥寻茶室

🏠 中国成都锦江区笔帖式街81号
📞 (028)62974193
🕐 11:00~22:00
🚶 지하철 2, 3호선 춘시루 역에 하차 후 도보 5분. 타이구리 내 지도를 참조해 찾기를 추천한다.

마파두부는 내가 제일 좋아하는 중국 가정식 중 하나이기 때문에, 청두에 머무는 동안 여러 집을 다니며 맛을 보았다. 원조인 천마포더우푸는 물론이고, 동네의 허름한 집부터 꽤 비싼 호텔의 중식당까지 두루 다니며 섭렵한 결과, 내 입에 가장 맛있는 마파두부를 내온 곳이 바로 이 미쉰차스였다.

미쉰차스는 타이구리에 위치한 부티크 호텔 '더 템플 하우스' 내에 있는 찻집으로 점심에는 채식 코스 요리(1인 128~168위안)를 낸다. 채식 요리라면 맛없지 않을까 하는 걱정은 접어두고, 중국 요리사들의 손맛을 믿고 꼭 한번 맛보라고 권하고 싶다. 날씨 좋은 날, 미쉰차스의 정원에 앉아 제철 식재료를 사용한 채식 요리를 맛보고 있노라면, 코스 중 하나로 마파두부가 나온다. 미쉰차스의 마파두부는 천마포더우푸의 마파두부보다 조금 덜 매우면서, 조금 더 날렵한 맛이라고 해야 할까. 깊은 맛을 잃지 않으면서 조금 더 가벼운 느낌으로 맛있게 맵다. 한번 먹기 시작하면 계속 먹게 된다. 미쉰차스의 딴딴미엔 등도 독특한 맛을 내니 꼭 한번 찾아보기를 권한다.

푸치페이피엔夫妻肺片

🏠 成都市总府街23号
📞 (028)86617171
🕐 10:30~22:00
🚶 지하철 2, 3호선 춘시루 역에 하차 후 도보 11분

푸치페이피엔 원조집이다. 푸치페이피엔은 에피타이저에 속하는 냉채로, 한번 맛을 들이면 도저히 헤어나올 수 없는 중독적인 맛을 자랑한다.

솔직한 감상을 이야기하자면, 푸치페이피엔의 원조 격인 이 집의 푸치페이피엔은 내 기대에는 못 미치는 맛이었다. 내가 푸치페이피엔을 너무 좋아해서 기대가 컸는지도 모르겠다. 혹은 이 집에 가기 전 들렀던 리쉬안 중찬팅의 푸치페이피엔이 내 입맛에 딱 맞아서 조금 실망했던 것인지도. 물론 내가 조금 실망하긴 했지만 어쨌든 평균 이상의 맛이긴 하다.

이 집에서 재미있었던 것은 청두의 대표적인 간식들을 조금씩 덜어 세트로 파는 것이었다. 그동안 여기저기서 간식들을 사 먹긴 했지만, 이렇게 세트로 모아놓은 것은 처음이라 시켜보았다. 음식 중 일부는 미리 만들어놓은 듯 조금 말라 있는 것도 있었지만, 혹시 콴자이샹쯔나 진리 등에서 이런 소소한 간식을 사 먹을 시간이 없는 이들에게는 나쁘지 않은 선택일 듯하다.

샤오밍탕 딴딴티엔수이미엔小名堂担担甜水面

🏠 东城根上街达州宾馆楼下
📞 (028)86258168
🕐 9:00~22:00
🚶 지하철 2호선 런민궁위안人民公园 역에 하차 후 도보 6분

청두의 대표 먹거리 중 하나인 딴딴미엔과 티엔수이미엔을 전문으로 하는 집. 청두 시내에 지점이 몇 곳 있는데, 지점마다 살짝 맛이 다르므로 도서관 뒤에 있는 지점을 추천하고 싶다. 아침 일찍 가도 줄을 서야 하는 곳으로, 종종 캐리어를 끌고 기다리는 여행자들도 볼 수 있다. 티엔수이미엔(7.5위안)과 딴딴미엔(6.5위안) 모두 양이 적으므로 혼자 가더라도 두 가지 다 맛볼 수 있다. 유리병에 넣어 판매하는 두유도 맛있고, 그 외에도 청두 특유의 먹거리들을 판매한다.

샤오밍탕이 위치한 건물은 다저우빈관达州宾馆이라는 호텔이다. 지도에서 찾을 경우 다저우빈관으로 찾는 편이 낫다.

런민스탕人民食堂

🏠 成都市青羊区方池街18号附1号

📞 (028)62378321

🕐 9:00~22:00

🚶 지하철 2호선 런민궁위안 역에 하차 후 도보 5분

인민을 위한, 인민에 의한, 인민의 식당. 이곳에서 하는 요리는 청두나 쓰촨 요리라기보다는 후난 요리에 가깝다. 그러나 이 식당의 분위기는 청두 그 자체다. 런민궁위안(인민공원)에서 시간을 보낸 후, 길을 건너 이 식당에 가서 식사를 하다 보면 스스로가 청두 사람이 되어버린 것 같은 느낌을 받을 수 있을 것이다.

더우지판창훠斗鸡饭场伙

🏠 成都市武侯区新南路8号(신난먼점)
📞 (028)85361826
🕐 11:30~21:00
🚶 지하철 3호선 신난먼新南门 역에 하차 후 도보 1분

본문에서는 언급하지 않았지만 내가 무척 좋아하는 식당이다. 청두에서 친해진 친구 집 근처라 함께 갔는데, 그야말로 홀딱 반했다. 이 집을 방문하기 전까지 난 닭발을 먹어본 적이 없었다. 어린 시절, 할머니를 따라갔던 닭집에서는 그 자리에서 닭을 손질해주었는데, 하루는 주인 아주머니가 닭발 두 개를 내 얼굴 앞에 들이대며 '줄까?'라고 물으셨다. 아마 원래는 닭발을 주지 않지만, 어린아이가 왔으니 뭐라도 더 줄까 싶어 물어본 것 아닐까 짐작된다. 그러나 당시 다섯 살이었던 내 눈앞에 불쑥 다가온 닭발은 그로테스크하게만 보였다. 나는 그 자리에서 엉엉 울었고, 그 후로 청두에 가기 전까지 닭발을 먹어본 적이 없다.

그러나 이 집에 갔을 때 친구가 닭발을 시켰다. 꼭 하나만 먹어보라면서. 나는 친구의 성의를 생각해 하는 수 없이 난생처음으로 닭발을 먹어보았는데, 오독오독 씹어 삼키는 순간 귀에 종이 울리고 음악이 들렸다. 세상 사람들이 맛있어 하며 먹는 것에는 다 이유가 있다는 것을 깨닫게 되는 순간이었다.

아무튼, 그렇다. 이 집은 닭발이 무척 맛있다. 청두 특유의 마라 양념

을 한 닭발을 먹어보면, 그 닭발을 먹기 전의 자신으로는 돌아갈 수 없을 것이다. 이 집은 청두 전통 요리를 깔끔하게 내오는데, 궁바오지딩도 마파두부도 모두 수준급이었다. 또 청두에서 유명한 육포를 커튼처럼 늘어뜨려 내와서 즉석에서 잘라 쌈을 만들어주는 요리도 한 번쯤 시도해볼 만하다. 사과에 쪄서 내오는 흑미밥도 별미.

청두에는 이 가게의 지점이 네 곳 있는데 내가 추천하고 싶은 곳은 신난먼 지점이다. 이곳에서 식사를 하고 천천히 걸어가면 청두가 자랑하는 야경 스팟인 허장팅合江亭에 도착할 수 있다.

충더리·츠궈崇德里·吃过

🏠 成都市锦江区崇德里3号院(锐钯街88号旁)

📞 (028)86002200

🕐 10:00~22:00

🚶 지하철 2, 3호선 춘시루 역에 하차 후 도보 10분

번화한 춘시루를 지나 남쪽으로 조금 걸어가면, 평범한 이들이 살아가는 골목이 하나 나온다. 아주 오랫동안 사람들이 살아온 거리, 분명 낡았음에도 살아 있는 이들의 생명력 때문에 항상 새롭게 보이는 곳이다. 이 골목에 낡은 인쇄공장을 개조해 만든 부티크 호텔인 충더리·주샤崇德里·驻下가 있다. 호텔은 물론이고 호텔 안의 식당인 충더리·츠궈, 찻집인 충더리·탄차는 모두 이 골목에 살던 청두 사람들의 삶을 체험할 수 있는 것을 목표로 하고 있다. 그렇기 때문에 이 식

당에서는 누구나 먹어본 요리, 누구에게나 '집밥'으로 인식되는 요리
들을 모던하게 재해석하여 요리 솜씨로 승부를 건다.

이곳에서 먹은 런치 코스는 청두에서는 흔하디 흔한 요리인 궁바오
지딩, 마파두부, 죽순 볶음 등으로 이루어져 있었는데, 분명 익숙한
요리이되 익숙하지 않은 느낌이었다. 서민의 맛을 새롭고 우아하게
재창조한 맛을 보고 싶다면 이곳에 들러보기를 추천한다. 런치코스
는 128위안과 198위안 두 코스가 있는데, 128위안 코스로도 만족스
러웠다.

문인들의 도시,
청두

모든 도시는 그 도시만의 풍격風格을 지니고 있다. 그 도시만의 풍격, 그 도시만이 지닌 기운과 정취. 한 도시에서 시간을 보내며 가만히 귀를 기울이노라면, 어느새 그 도시의 속삭임을 듣고 그 도시의 풍격을 이해하게 된다. 이해하게 되면 취하게 되고, 취하면 사랑하게 된다.

　　청두에서 겨우 한 달을 지냈다. 한 도시를 이해하고 사랑하게 되기에는 짧은 시간이다. 그러나 그 길지 않은 시간 동안 청두는 끊임없이 나에게 말을 걸어왔다. 청두가 품고 있는 이야기들이 잔잔하게 내 안으로 흘러들어왔고, 나는 어렴풋하게나마 청두가 어떤 도시인지 알게 되었다.

　　내가 이해한 청두는 문인들의 도시였다. 과거 수많은 문인들을 키워낸 도시, 문인들의 사랑을 받은 도시. 신산한 삶을 살던 문인들은 청두에 정착한 후 평온을 느끼고 걸작을 써냈다. 사람들이 모여 도읍을 이룬 곳이어서일까, 그 사람들의 이야기가 배어 있는 곳이어서일까. 청두를 스치는 바람조차도 누군가의 다정한 목소리인 것 같았고, 길가에 피어난 풀 한 포기조차 누군가의 이야기를 품고 있는 것 같았다. 청두에 있는 동안, 나는 계속 무엇인가를 쓰고 싶은 욕망에 시달렸다. 내 눈에 보이는 것, 내 귀에 들리는 것, 모두 써야만 할 것 같은 충동에 자려고 누웠다가도 벌떡 일어나 노트북 앞에 앉은 적이 여러 번이다. 빈 화면에 몇 줄이나마 적고 나면, 걸출한 문인들이 청두를 사랑한 이유를 알 것 같았다. 그리고 그 이유를 알 것 같았기에 나도 청두의 풍격을 이해하고 사랑하게 되었다.

아미산, 젊은 이백의 노래

스무 살, 이백의 시를 처음 읽었다. 머리를 세게 맞은 기분이었다. 한참을 멍한 표정을 짓고 있다가 겨우 중얼거렸다.

"젊다."

스무 살, 그보다 더 젊을 수 없는 나이였지만 이백의 시를 읽는 순간 깨달았다. 나는 젊지 않았다. 나는 그때 이미 사회의 어른들에게서 배운 욕망을 내 것으로 하고 있었다. 이백의 젊은 취기를 보는 순간 나는 평생 한 번도 젊었던 적이 없다는 사실을 절절하게 느껴야만 했다. 이백은 그렇게 젊었고, 나는 그렇게 나이 들어 있었다.

이백은 쓰촨 출신이다. 가장 좋아하는 시인으로 늘 이백을 이야기하는 나에게 쓰촨은 이백의 땅이었다. 그러나 청두에 가면서 내가 이백과 관련하여 가보기로 한 곳은 이백이 태어나 25년을 살았다는 장유江油가 아니라, 바로 아미산이었다.

아미산의 가을 달은 반달 모양,
달빛은 평강 강물에 스며들어 흐르고
밤에 청계를 나와 삼협으로 향하니,
그대를 생각해도 보지 못하고 유주로 흐른다.

아미산은 산봉우리 두 개가 마주 보고 있는데, 그 모습이 꼭 아름다운 눈썹 한 쌍 같아 아미산이라는 이름이 붙었다. 그 아름다운 아미산은 너무 높아서, 보름달이 뜨는 밤에도 달이 산에 가려 반밖에는 보이지 않는다나. 그래서 이백은 아미산의 달은 언제나 반달 모양이라고 〈아미산월가峨眉山月歌〉에서 노래했다. 달이 반만 보이는 가을밤의 아미산이라니.

평강平羌은 지금의 청의강青衣羌으로 대도하의 지류, 청계清溪는 아미산 부근의 지명이다. 이 시에서 이백은 청계에서 배를 타고 평강의 물을 따라 삼협으로 향하고 있는데, 삼협은 장강삼협長江三峽*이라는 설과 가주소삼협嘉州小三峽**이라는 설이 있다. 가만히 눈을 감으면 이백의 눈에 비쳤을 아름다운 풍경을 상상할 수 있다. 눈썹 같은 산봉우리 사이로 반만 보이는 달, 그런 가을밤, 강물은 그 달빛을 품고 반짝거렸겠지. 그 눈부신 물결 위에 배를 띄워 삼협으로 향하는 젊은 날의 이백.

〈아미산월가〉를 처음 읽었을 때 나는 젊은 이백을 오독했다. 시를 오독하는 것이 독자의 권리라지만, 〈아미산월가〉를 처음 읽던 시절의 나는 확실히 나 자신에 취해 있었던 것 같다. '그대를 생각해도 보지 못하고'라는 구절을 애

* 구당협瞿塘峽, 무협巫峽, 서릉협西陵峽을 합쳐 장강삼협이라고 부른다.
** 이두협犁头峽, 배아협背峨峽, 평강협平羌峽을 합쳐 가주소삼협이라고 부른다.

잔하게 느끼며, 그 '그대'에 내가 그대라 부를 수 있는 모든 이들을 떠올렸다. 그러던 어느 날, 나는 지인에게서 충격적인 이야기를 듣게 되었다.

"이백은 당나라 사람이니 평소에 걷거나 말을 타는 정도의 속도감만을 느껴왔을 거예요. 거대한 강의 물살을 타고 흘러가는 속도는 이백이 평소에 아는 속도와 달랐겠죠."

그렇다. 나는 그 시의 속도를 이해하지 못했던 것이다. 자동차를 타고 달리는 속도에 익숙한 나에게, 물길을 따라 흐른다는 것은 정적인 느낌이었다. 그러나 젊은 이백에게는 피가 끓도록 빠른 속도였을 것이다. 이백이 본 반달은, 그 강물에 스며든 달빛은 내 상상 속의 그 애잔한 느낌이 아니었던 것이다.

중국 지도를 펼쳐 〈아미산월가〉에 나온 지명들을 하나하나 짚어보았다. 거친 물살을 타고 넓은 세상으로 나가던 이백, 그가 아미산을 바라보던 순간을 상상해보았다. 쓰촨에 가본 적도 아미산에 올라본 적도 없는 나로서는 젊은 이백이 어딘가 희미하게만 보였다. 그래도 한 가지는 알 수 있었다. 〈아미산월가〉의 세계는 내 생각보다 훨씬 젊은 느낌이라는 것을.

아미산峨眉山, 중국어 발음으로는 '어메이산'인 그 산의

이름이 의미하는 바는 사람마다 다를 것이다. 누군가에게
는 불교의 성지일 것이고, 누군가에게는 무협지에 나오는
아미파 여승들의 근거지일 것이고, 또 누군가에게는 손오
공을 연상시키는 원숭이들이 사는 산일 것이다. 그리고 나
에게 아미산은 젊은 이백이 배를 타고 달려가며 아쉽게 돌
아보았던 그 산이었다.

산 아래에서 아미산에 뜬 달을 바라보며 이백이 보았던
풍경을 상상하는 것이 아니라 굳이 아미산 정상을 밟고 싶
었던 것은, 그곳에서 산 아래를 내려다보며 새로운 세상으
로 달려가는 젊은 이백과 눈을 마주치는 상상에 잠기고 싶
었기 때문이었다. 누군가의 팬이 된다는 것은 그런 것이다.
이백의 시를 처음 읽은 날부터 나는 이백의 팬이었고, 이백
처럼 젊고 싶었으며 젊은 이백의 눈을 보고 싶었다. 그리하
여 평소에 등산과 같은 과격한 운동은 고사하고 매 순간 숨
을 쉬는 것만으로도 스스로가 기특한 내가, 무려 3,000미터
가 넘는 아미산을 등반하게 되었던 것이다.

물론 나에게는 믿는 구석이 있었다. 바로 케이블카. 그러
나 3,000미터의 높이를 전부 다 케이블카로 올라갈 수는 없
다. 일단 산 아래 주차장에서 입산 티켓을 산 후, 다시 아미
산 전용 버스를 타고 굽이굽이 산길을 돌아 한참 올라가야

아미산으로 들어가는 관문. 이곳에서 버스를 타고 또 한참을 올라가야 한다.

한다. 그리고 버스에서 내린 후에도 또 한참을 걸어 올라간 다음에야 케이블카를 탈 수 있다.

케이블카가 가는 곳은 경사도가 60도에 달한다고 한다. 걸어 올라가는 부분은 그 정도 경사도는 아니지만, 평소 체력을 키워놓지 않은 내게는 쉽지 않았다.(물론 쉽지 않은 것은 내 이야기이고, 이 책을 읽는 분들에게는 아마 그렇게까지 어렵지 않을 것이다) 어쨌든 나는 숨을 헐떡이며 산을 오르는 와중에, 이백의 〈등아미산登峨眉山〉을 읊기 시작했다.

촉에 신산 많다지만, 아미에 필적할 곳 찾기 어려우니,

신산은 신선이 사는 산이다. 아미산은 사계절 구름 같은 안개에 뒤덮여 신비로운 모습을 자랑한다. 당나라 사람 이백에게는 이곳이 정말 신선이 사는 곳으로 보였을 것이다.

두루 둘러볼까 하여도, 그 기이한 절경 어찌 다 보리오.
푸른 봉우리들이 하늘을 열고, 그 찬란한 빛은 그림에서
나온 것 같아,
가벼이 올라 자하를 바라보니 신선의 술법을 얻은 듯.

이백은 아미산을 '가벼이' 올라 신선의 술법을 얻은 듯하다는데, 나는 다리가 무겁기만 했다. 숨을 헐떡거리느라 시구도 제대로 나오지 않았다. 그래도 굳이 이백의 시구를 중얼거리며 계단을 오른 것은, 한옆으로 보이는 아미의 풍경이 정말로 이백의 시에 나오는 것처럼 아름다웠기 때문이었다. 안개 속으로 희미하게 보이는 나뭇가지들, 간혹 들려오는 원숭이 울음소리며 바람 소리, 비록 나는 청바지를 입고 운동화를 신은 채 산을 오르고 있었지만 눈에 보이는 풍경이며 귀에 들려오는 소리가 나를 이백이 살던 시대로 보

안개 낀 아미산 풍경

내주었다.

　구름 사이에서 옥퉁소 불고 바위에 앉아 비파를 뜯으니,

　구름이 뭉게뭉게 일어난 아미산. 이백은 어느 바위에 앉
아 비파를 뜯었을까.

　평생 신선이 되기를 원해 왔으니, 이곳에서 세속의 즐거
움을 끊어내고.

　이백은 스물다섯까지 현재의 쓰촨 지역에서 살았고, 아
미산에 두 번 등반했다고 한다. 이 시는 스무 살 무렵의 이
백이 청두에 방문했다가 아미산을 등반하고 지은 시라고
알려져 있다. 젊은 이백은 아미산의 풍경을 보며 우화등선
羽化登仙을 꿈꾸었던 모양이다.
　이백의 눈에 비친 아미산은 어떤 모습이었을까. 이백의
시를 읽었을 때, 나는 이백이 본 아미산이 어떤 모습인지
도 모르면서 이백의 젊음에 취해버렸던 늙은 스무 살이었
다. 아미산에서 이백이 보았을 풍경을 눈에 담으면서, 나는
이백의 시를 처음 읽던 스무 살로 되돌아갔다. 어째서일까.

스무 살의 나는 이백이 스무 살에 바란 우화등선을 이해하지 못했는데, 이제 제법 나이를 먹고서야 그 이백을 이해하고 있었다. 세속의 즐거움을 끊어내고 싶었던 마음이 무엇인지, 그가 이 아미산에서 느낀 것이 무엇인지 말이다. 그가 올랐을 아미산을 오르고 있어서일까, 나는 다시 스무 살이 되어 숨을 헐떡이면서도 이백의 시선으로 아미산을 보고 있었다.

마침내 케이블카를 타고 진딩金頂(금정)에 올랐다.

신령한 기운이 내 얼굴에 퍼지니, 속세의 티끌은 홀연히 사라지고.

케이블카에서 내려 조금 더 올라가니, 안개 속에 잠겨 있는 십방보현보살이 보였다. 마침내 다 올라왔구나 하는 마음에 가볍게 심호흡을 하며 마지막 시구를 읊었다.

혹여 양을 탄 신선 만나면, 그의 손 잡고 태양 넘어 등선하리.

전망대에 서서 아래를 내려다보았다. 스무 살에 아미산을 오르며 우화등선을 꿈꾸던 이백은 이십 대 중반의 나이에 쓰촨을 떠났다. 〈아미산월가〉는 이백이 쓰촨을 떠나며 지은 시라고 한다. '그대를 생각해도 보지 못하고', 혹은 '그대를 생각해도 보지 않고' 배에 올라타 유주로 흐르던 이백, 그 이백이 돌아보았던 아미산과 산에 가려진 반원 모양의 달.

3,000미터 높이에서 아래를 내려다보니, 보이는 것은 온통 안개뿐이었다. 젊은 이백이 아미산을 바라보며 쓰촨을 떠나던 날은 이런 자욱한 안개가 없었던 걸까. 그래서 이백은 아미산에 걸린 반달 모양의 달을 보고도 보지 않은 척 떠날 수 있었을까. 계속 아래를 내려다보고 있노라니 그 안개 속에 배를 타고 가는 이백이 보이는 것 같기도 했다. 나는 젊은 이백와 눈을 맞추며, 이백의 '보지 못한 그대'를 다시 한 번 오독했다. 그렇게 오독을 거듭하노라면 그 마음에 다가갈 날도 오는 걸까 생각하면서.

청두에 가기 전, 나는 중국인들이 이야기하는 사대부 문화와 문인 문화를 구분하지 못하고 있었다. 청두에서 사귄 친구에게서 '청두, 더 나아가 쓰촨이 추구하는 것은 문인 문화'라는 말을 들었을 때에도 고개를 갸웃했다. 내가 생각하는 중국 사대부들의 고향, 중국에서 흔히 강남이라 불리는 곳과 청두는 아주 달라 보였기 때문이었다. 옛 중국에서 사대부는 글을 다루는 이들이었고, 중국 강남 지역에 가면 사대부들이 남긴 문자의 향연이 수없이 남아 있다. 나는 강남 지역에 갈 일이 상대적으로 많았기 때문에, 청두에 가기 전 내가 생각한 중국 문인의 전형은 강남의 안개비를 바라보며 시를 읊는 (강남의) 사대부였다.

내 의문을 들은 청두 친구는 보일 듯 말 듯 웃으며 대답했다.

"사대부들의 글과 문인들의 글은 같기도 하지만 동시에 아주 다르지."

청두는 오래된 대도시이긴 하나 역사의 전면에 나선 적은 없는 곳이다. 중국의 수도인 베이징에서 긴 시간을 보낸 나에게 청두는 조금 이질적인 느낌이 들 정도였다. 권력에서 먼 곳에 있는, 그러나 풍요로운 지역만이 지닌 자유로움이 낯설게 느껴진 까닭이었다. 청두에서 시간을 보낼수록 '사대부와 문인의 글은 다르다'는 친구의 말이 지닌 의미를 짐작하게 되었다. 세속에서 벗어나 우화등선을 꿈꾸었던 이백, 그리고 더 넓은 세계를 향해 '그대를 생각하면서도 보지 않고' 물살에 자신을 맡기던 젊은 이백의 자유로움과 호방함은 확실히 문인의 것이지 사대부의 것은 아니었으니까.

그리고 청두는 시선 이백과 더불어 시성으로 꼽히는 두보가 마음의 고향으로 삼았던 곳이기도 하다. 사대부의 길을 걷고 싶었던 두보가 청두의 문인 문화를 만났을 때의 감정은 청두 시내의 두보초당에서 느껴볼 수 있다.

좋은 비는 시절을 알아

청두에서 단 한 곳만 갈 수 있다면 어디를 가겠느냐는 질문을 받았다. 두 번 생각할 것도 없이 답했다. 두보초당杜甫草堂에 가겠다고. 두보초당에 가면—물론 두보가 살던 때의 모습과 지금은 아주 다르지만—만년의 두보가 청두에서 어떤 위안을 얻었는지 알 것 같다. 그 위안을 나도 얻었으니까.

이백과 두보 중 누구를 좋아하느냐는 말에 숨도 쉬지 않고 이백이라 답하곤 했다. 그것은 이백을 그만큼 좋아한다는 표현이었지만, 두보를 그만큼 좋아하지 않는다는 표현이기도 했다. 나는 두보를 싫어했다. 그래, 좋아하지 않았다는 말로는 부족하다. 싫어했다. 어른들은 나도 나이가 들면 두보를 좋아하게 될 거라고 했고, 그때마다 나는 나이를 먹어도 두보를 좋아하지 않을 거라고 화를 냈다.

하지만 삶이란 마음먹은 대로 흘러가지 않는 법. 나도 내 의지와 상관없이 내가 사랑했던 것들을 버리기도 하고, 싸우다 지치기도 하고, 또 그 와중에 스스로가 미워 죽고 싶어지기도 하면서 그렇게 살았다. 영원히 젊은 이백만을 좋아할 것 같았던 나는 어느새 내 나이에 맞는 얼굴을 하고 있었다. 안 그래도 이백 앞에서는 늙어 보이던 내 마음이 또 다시 나이를 먹었다는 것을 발견할 때면, 세상이 나만 괴롭히는 것 같아 울고 싶었다.

그런데 지쳐서 날카로워져 있던 내가 청두에 도착한 후 매일 조금씩 둥글어졌다. 무엇이 나를 깎아냈는지 모르겠다. 청두에 있는 동안 나는 두보초당에 여러 번 갔다. 두보가 좋아서가 아니라, 그저 청두의 푸른빛을 만끽하고 싶었기 때문이었다. 붉은 담장 위로 뻗어 나온 대나무를 보는 것만으로도 마음이 편해졌다. 오래 묵은 나무 아래 가만히 앉아 있노라면, 어느새 나이를 먹은 나도 용납할 수 있을 것 같았다. 나를 괴롭히는 세상사 모든 것이 그대로 녹아버리는 것 같았다.

두보초당 안 붉은 담장 길. 사진을 찍으려는 사람들로 늘 북적이는 곳이다.

청두를 떠나기 일주일 전, 두보초당 안 작은 서점에서 두보의 시선을 샀다. 두보는 본래 유학자로서 정치에 뜻을 두었다. 우화등선하고 싶었던 이백과 달리 세상에 도움이 되고 싶었던 이였다. 그러나 현실은 녹록치 않았다. 두보는 벼슬을 구하기 위해 노력했으나 미관말직밖에는 얻지 못했고, 민중의 궁핍한 현실에 눈을 뜨게 되었다. 그의 나이 44세에는 안사의 난*이 일어났다. 난리 중에 다른 곳에 맡겨둔 아들이 제대로 먹지 못해 어린 나이로 요절하는 등 불행이 계속되자, 두보의 시에도 비극적인 색채가 어리기 시작했다. 젊은 내가 두보의 시를 싫어했던 것은 아마 그래서였을 것이다. 두보의 시에 배어 있는 삶의 비극을, 그 비극을 보고 난 후 늙을 수밖에 없었던 그의 마음을, 스무 살의 나는 도저히 들여다볼 수 없었던 것이다.

하지만 두보는 그 후에도 현실을 포기하지 않았다. 그는 숙종이 즉위했다는 소식을 듣고 숙종에게 가다가 반군에게 붙잡혀 장안에 억류되었다. 그러나 위험을 무릅쓰고 장안을 탈출해 숙종을 배알한다. 그 결과 벼슬을 얻었으나 반군 토벌에 실패한 방관을 변호하다 숙종의 미움을 사게 되었

* 당나라 중기 안녹산安祿山과 사사명史思明이 일으킨 반란.

다. 좌천당한 두보는 마침내 관직을 버리고 이곳저곳을 떠돌아다니다 청두에 정착했다.

청두에 도착했을 때 두보의 마음은 어떠했을까. 두보는 친구들의 도움으로 초당을 짓고, 청두에서 보내는 동안 200여 수가 넘는 시를 지었다. 내가 산 시선집에는 그가 청두에서 지은 시들이 빼곡하게 실려 있었다. 정확히는 삶의 비극을 경험한 사람이 청두의 푸른빛 속에서 조금씩 둥글어져 가는 모습이 담겨 있었다.

채 버리지 못했던 욕망을 버리고, 조금씩, 정말 아주 조금씩 행복하다는 감정을 맛본다. 두보초당의 대나무 사이를 걷노라면 신산하던 삶 속에서 마침내 평화를 맛본 두보의 심정이 어떠했는지 조금은 알 것도 같았다.

두보초당은 실제 두보가 살던 곳은 아니고, 두보가 살던 시대를 상상하여 재현한 곳이다. 두보는 아마 지금 우리가 보는 곳보다 더 작은 초당에서 궁핍하게 살았을 것이다. 그러나 그때에도 청두의 하늘은 맑고 초당을 둘러싼 대나무는 청명했을 것이다. 두보가 그 푸른빛 속에서 안정을 되찾았을 거란 걸 짐작하기란 어렵지 않다. 매일 아침 초당에서 나오는 순간, 짙은 흙냄새와 풀 내음이 두보의 코를 간지럽

했고, 그래서 두보는 '봄이 오니 항상 일찍 일어난다'고 읊었을 것이다. 내가 청두를 여행하는 내내, 1분이라도 더 청두를 느끼고 싶어 자는 시간조차 아까워했던 것처럼.

두보초당에서 읽는 두보의 시는 참 좋았다. 두보초당을 가득 채운 푸른빛은 사람을 평화롭게 만든다. 나도 두보가 얻은 평화로운 마음의 한 조각은 얻을 수 있었다. 그리고 깨달을 수 있었다. 내가 싫어한, 아니, 내가 미워한 두보는 사실 내 모습이었다는 것을.

두보초당의 풍경 좋은 곳을 찾아 두보 시선을 읽는 것도 즐거운 일이다. 청두 여행을 가기 전 두보의 시선을 챙기거나 핸드폰에 두보의 시를 넣어가기를 추천한다. 두보초당의 풍경에 취해 저절로 시를 읽고 싶은 마음이 들 것이다.

나도 두보처럼 사대부의 마음을 품고 살아가고 싶었다. 세상의 일부가 되고자 하는 의지를 잃고 싶지 않았다. 그러나 현실은 언제나 내 마음대로 되지 않았다. 젊은 시절에는 두보의 비극을 차마 받아들일 수 없어서, 그리고 나이를 먹으면서는 두보의 비극이 또한 내 비극이기도 하다는 사실을, 정확히는 대부분의 사람들이 두보와 같은 비극을 안고 살아간다는 사실을 받아들일 수가 없어서 두보를 미워했다.

그러나 두보초당을 가득 채운 푸른빛 속에서 두보의 시를 읽으며, 나는 나이 든 내 마음을 마주할 수 있었다. 비가 오는 봄밤, 두보는 '좋은 비는 시절을 알아好雨知時節' 내린다고 읊었다. 봄이 되어 내리는 비가 바람을 따라 밤에 스며들더니 소리 없이 만물을 적신다. 청두의 푸른빛은 그렇게 시절을 알고 내리는 비처럼 조용히 마음에 스며들고, 스스로와 대면하게 해주었다.

두보는 이 푸른 청두에서 무엇을 느꼈을까. 평범한 사람도 문인으로 만들어버리는 이 문인들의 도시에서, 두보도 스스로와 다시 만났을까? 두보는 청두에서 여러 해를 보내며 마음의 평화를 얻었으나, 결코 자신의 바람을 잊지는 않았다. 그는 다시 중앙 정부에서 벼슬을 하고자 악양으로 향했다. 그러나 건강 악화에 궁핍함이 겹쳐, 결국은 배 위에서

58세로 일기를 마쳤다.

청두에서 마지막으로 두보초당에 간 날, 나는 벤치에 누워 하늘을 배경으로 무성하게 자라고 있는 나무들을 바라보며 두보의 마지막을 생각했다. 두보가 죽기 전 마지막으로 떠올린 풍경은 무엇이었을까. 평온한 삶의 아름다움을 깨닫고도 결국 다시 세상에 나가기로 결심한 까닭은 무엇이었을까. 그리고 나는 마지막 순간 인생의 어떤 순간을 기억할까. 아름다운 풍경을 마음에 품고 자유롭게 평온할 수 있을까.

다시 청두에 가게 된다면, 그리고 청두에서 단 한 곳만 갈 수 있다면 꼭 4월의 두보초당에 갈 것이다. 발길 닿는 대로 걷다가 붉은 담장 안 대나무가 바람에 흔들리는 소리가 들리면 두보의 시선집을 펼쳐 시를 읽고, 찻집이 보이면 차 한 잔을 청해 마셔야지. 삶의 비극을 녹여버리는 4월의 푸른빛 안에서 다시 한 번 두보의 마지막을 생각할 것이다.

청두의 다정한 밤

세상 모든 것이 다정하게만 느껴지는 날이 있다. 나를 둘러싼 모든 것이 행운으로 가득 찬 것처럼 느껴지는 날. 청두에서 두 번째로 맞는 금요일이 바로 그런 날이었다. 하늘이 푸르고 맑았다. 얼굴에 와 닿는 바람도 지극히 좋았다. 집 앞에서 올라탄 공용자전거의 안장은 우연히도 내 키에 딱 맞는 높이였다. 점심으로 먹은 량피凉皮는 언제나 그렇듯이 맛있었고, 매운 입을 씻기 위해 마신 수박 주스에는 말리화 향이 은은하게 배어 있었다. 청두에서 막 알게 된 친구와 찻집에서 만나 차를 마시며 한참 작업을 하다가, 저녁을 먹으러 가는 길에 붙임성 좋은 길고양이를 만나 한참 함께 놀았다.

그렇게 좋은 날이었다. 그러나 저녁을 먹은 후 친구와 헤어져 돌아오던 길, 문득 서러운 기분이 들었다. 나 자신도 이해할 수 없는 감정이었다. 온종일 좋은 일만 있었는데 대체 왜 서러운 걸까. 한참 고민하던 나는, 이 감정이 오랜만에 느껴보는 외로움이라는 사실을 깨달았다.

혼자 산 지 오래되었다. 혼자 밥을 먹고, 혼자 잠을 자고, 또 혼자 여행을 하는 것에 익숙하다. 가끔 사무치게 외로운 순간이 오지만, 그 감정을 삭이는 것도 이제 어렵지 않다. 난감한 것은 이런 날이다. 온종일 따뜻한 햇살을 맞은 것처럼 기분이 좋은 날, 나를 둘러싼 모든 것이 반짝반짝 빛나고, 나도 조금 더 윤이 나는 것 같은 날. 이 좋음을 같이 나눌 사람이 곁에 없다는 사실에 갑자기 절절하게 외로워지는 것이다.

슬픈 일이 있을 때는 연락할 사람이 쉬이 떠오르지만, 기쁜 일이 있을 때, 그리고 그 기쁜 일이 사소할수록 그 기쁨을 나눌 사람을 떠올리기는 쉽지 않다. 그것도 처음 와보는 도시에 도착한 지 얼마 되지 않은 여행자라면 더욱 그렇다. 그래서 그날, 세상이 나에게 다정했던 그날 저녁, 나는 어쩐지 몹시 외로웠다.

외로우면 걷는 버릇이 있다. 나는 지하철역에서 나와 콴자이샹쯔를 향해 걷기 시작했다. 콴자이샹즈는 청나라 때부터 내려오는 거리로, 각종 먹거리며 볼거리가 풍성해 늘 사람들로 북적이는 곳이다. 사람들 틈에 끼어 걷다 보면 이 외로운 감정이 조금은 잦아들 것 같았다.

그러나 생각과는 달리 외로움은 쉽게 사그라들지 않았다. 밤의 콴자이샹쯔는 사람들로 흥성거렸다. 모두가 즐겁게 웃고 있었다. 청두, 사람들이 모여 도읍을 이루는 곳이라 했지. 청두에 오면 외로움이 덜할 줄 알았는데, 나는 이곳에서도 여전히 외로웠다. 4월의 두 번째 금요일, 따뜻한 봄밤,

사람들이 모두 웃고 있는 곳에 와서도 외롭다니.

그때였다. 갑자기 사람들의 웃음소리가 멈춘 것 같은 기분이 들었다. 나도 모르게 발걸음을 멈춰보니, 그 시끄러운 거리 한복판에 유난히도 조용한 문이 하나 있었다. 사람들의 웃음소리를 들으며 위로받고 싶어 나왔건만, 인기척이 느껴지지 않는 그 문이 정작 위로가 되었다. 나는 나도 모르게 그 문틀을 넘어 문 안으로 들어갔다.

청두 특유의 회색 벽돌로 이루어진 집이었다. 문을 넘어서니 긴 회랑이 있었고, 양옆으로는 중국 작가들의 사진이 붙어 있었다. 대체 무엇을 하는 곳일까. 나는 조심스럽게 발

사합원을 개조해 만든 긴 회랑을 따라 들어가면, 주말에 밤새도록 영업을 하는 북카페가 나온다.

손님은 물론이고 직원까지 모두 책에 빠져 있다. 스마트페이로 결제한 후 셀프로 커피나 차를 내려 마실 수 있다.

걸음을 옮겼다. 마침내 회랑 끝에 다다랐다. 다시 문을 열고 들어선 순간, 나는 눈을 휘둥그레 떴다. '카페? 서점? 북카페인가?' 문에서 바로 보이는 정면에 계산대가 있었다. 그러나 계산대에 있는 직원은 새로 들어온 손님인 나를 본체만체하고 책에 빠져 있었다. 넓은 공간 가득 책상과 의자들이 있고, 벽에는 책장이 빼곡했다. 그리고 사람들, 내가 외로워하며 보고 싶어 했던 사람들이 있었다. 사람들로 복작이는 시끄러운 거리에서, 조용하고 또 조용한 북카페를 찾아와 책을 읽으며 밤을 지새우는 사람들이.

계산대로 다가가 보니 나처럼 처음 오는 고객을 위한 설명서가 붙어 있었다. 위챗머니 등으로 50위안을 결제하면 북카페에 비치된 기계로 커피나 차를 뽑을 수 있었다. 좋아하는 음료를 뽑아 책장에서 마음에 드는 책을 골라 자리를 잡고 앉으면 주말 밤을 기쁘게 새울 준비가 끝난 셈이다. 내가 커피를 뽑아 자리를 잡는 동안에도 눈길 한 번 주지 않고 책에 빠져 있는 직원과, 휴대전화나 다른 기기를 꺼내지 않고 조용히 책장을 넘기는 손님들 사이에 앉으니 어쩐지 더 이상 외롭지 않았다. 4월, 청두의 봄밤은 마침내 다정한 밤이 되었다.

후에 알게 되었지만, 그 북카페는 내가 좋아하는 출판사인 산롄슈디엔三联书店에서 낸 카페였다. 콴자이샹쯔라면 청두에서 땅값이 비싸기로 둘째가라면 서러울 번화가다. 그 시끄러운 번화가에 북카페를 내는 것 자체가 도전이 아닐까? 그리고 그 도전은 청두 시민을 믿기에 할 수 있었던 도전일 것이다.

청두의 맛은 마라, 청두의 향은 말리화 향기, 그리고 청두의 소리는 책장 넘기는 소리다. 청두가 중국 전역에서 1인당 평균 독서량이 가장 높은 도시라는 통계가 있는데, 시내 어디를 가도 만날 수 있는 대형 서점에서 사람들이 집중해서 책을 읽고 있는 모습을 보면 그 통계가 맞겠구나 싶었다. 산롄슈디엔에서 낸 북카페에 다녀온 후, 청두에 밤새도록 하는 북카페가 많다는 것을 알게 되었다. 홀로 하는 여행에 지친 밤이면 그중 한 곳씩 다녀왔는데, 어디를 가건 차 한잔을 벗 삼아 조용히 책장을 넘기는 사람들을 만날 수 있었다.

아미산 여행팁

 아미산까지 가는 방법은 대략 세 가지가 있다. 첫째, 청두의 신난먼新南门 버스터미널에서 시외버스를 타거나 기차를 타고 아미산에 가서 자유롭게 관람하는 방법과 둘째, 낙산대불을 함께 관람하는 당일치기 투어 코스와 아미산에서 하루 숙박을 하는 1박 2일 투어 코스에 참가하는 방법이다. 그리고 마지막으로 기사님과 차를 구해 개인적으로 여행하는 방법이 있다. 아미산을 제대로 보려면 2박 3일에 걸쳐 등반을 해야 하기 때문에 제대로 등산을 즐기려는 경우 보통 첫 번째 방법을 선택하고, 일반 관광객들은 두 번째 방법을 선택한다. 나 같은 경우 아미산을 등반할 당시 잠시 청두에 여행을 오신 부모님을 모시고 가야 하는 상황이라 부모님의 연세를 고려하여, 돈이 좀 더 들더라도 세 번째 방법을 선택했다.

우리는 아미산 주차장에 도착해 기사님과 시간 약속을 정한 후 아미산을 등반했다. 일반적인 코스인 진딩까지 가는 등반로였는데, 먼저 주차장에 내려 버스에 탄 후 다시 걸어서 등반하다가 케이블카를 타고(케이블카를 타지 않고 그대로 걸어 올라갈 수도 있다) 올라간 후에도 조금 더 걸어 올라가야 한다. 아미산 입장료는 185위안, 버스 왕복은

90위안, 케이블카 왕복은 120위안이 든다. 중국의 웬만한 관광지는 60세 이상의 노인은 입장권을 할인해주고, 65세 이상은 무료 입장 가능한 경우도 많으니 해당자가 있는 경우 여권을 보여주며 문의하는 것이 좋다. 아미산 역시 노인 우대 정책을 펼치고 있었다.

아미산은 경사도가 꽤 되는 산이기 때문에 곳곳에서 가마꾼이 호객을 한다. 우리는 어쩐지 부끄러워 이용할 마음을 먹지 못했는데, 나중에 정상에 올라가 쉬던 중 대화를 주고받은 중국인 언니로부터 나이 드신 아버지를 가마로 모셔왔다는 이야기를 들었다.

등반하는 길 옆으로는 노점이 펼쳐져 있다. 노점에서는 주로 중국에서 만터우饅头라 부르는 빵이나 고구마, 옥수수 같은 것들을 판다. 또한 정상에 올라가면 간단한 식당도 있고 컵라면 등도 판매하기 때문에, 식사를 따로 준비하기보다는 중간중간 당분을 섭취할 간식 정도만 챙기면 될 듯하다. 등반하면서 뭔가를 먹으면 간혹 나타나는 원숭이들이 음식을 빼앗아 가는데, 그럴 경우 그냥 얌전히 빼앗기는 편이 좋다고 한다. 나는 원숭이들에게 기꺼이 음식을 바칠 마음의 준비를 하고 있었으나 안타깝게도 원숭이들의 점지를 받지 못했고, 계곡 아래에서 움직이는 원숭이만 두어 번 보았다.

아미산의 진딩에는 호텔이 있어 숙박도 가능하다. 아미산에서 제대로 된 일출을 볼 수 있는 날은 얼마 안 된다고 하지만, 진딩까지 올라가고 나니 하루 머물며 다음 날 일출을 노려볼 걸 하는 생각이 들었다.

낙산대불乐山大佛 여행팁

청두난成都南 역에서 러산乐山 역까지 기차를 타면 1시간 남짓 걸린다. 러산 역에서 낙산대불까지는 K1 버스를 이용할 수 있다. 아미산과 낙산은 비교적 가까운 거리에 있기 때문에 보통 연계해서 여행한다. 관람 방법으로는 낙산대불 옆을 직접 등산할 수도 있고, 그 앞에서 유람선을 타고 낙산대불 전체를 조망할 수도 있다. 나는 아미산에서 시간을 많이 보냈기 때문에 유람선을 타고 낙산대불을 조망했다.(유람선 티켓 가격은 1인 70위안)

솔직한 감상을 이야기하자면, 중국 3대 석굴 중 운강석굴과 용문석굴을 이미 보았던 나에게 낙산대불이 주는 감흥은 크지 않았다. 그러나 운강석굴과 용문석굴에 가본 적 없던 어머니는 무척 좋아하셨

으니, 사람에 따라 감상은 다를 듯하다. 2019년 2월 기준으로 낙산 대불은 현재 보수 중이다. 여행 계획을 세우기 전 관람이 가능한지 문의해보는 것이 좋겠다.

두보초당 관람팁

🏠 四川省成都市青羊区青羊宫商圈草堂路28号

🕐 5월~10월(8:00~18:30)
   11월~4월(8:00~18:00)

¥ 일반 60위안, 노인과 학생의 경우 할인 가능

🚶 지하철을 이용해 갈 경우 4호선 차오탕베이루草堂北路 역에서 내려 도보로 20여 분을 걸어가야 한다. 숙소에서 두보초당이 멀지 않다면 택시를 이용해 갈 것을 추천한다

두보초당은 청두에 오는 모든 여행객이 들르는 관광지일뿐더러, 몇 번이나 들르게 되는 곳이다. 나 역시 청두에 한 달 머무는 동안 시간 여유가 생길 때마다 갔을 정도로 마음에 드는 곳이었다. 그렇기 때문에 조금만 늦게 가면 수많은 관람객들로 두보초당의 고즈넉함을 즐기기 어렵다. 두보초당은 가능한 한 평일 아침 일찍, 문 여는 시간에 맞춰 갈 것을 추천한다. 인생샷을 남기고 싶다면, 입장하자마자 두보초당 안에 있는 환화츠浣花祠(완화사)를 찾아가 인적 없는 붉은 담장을 배경으로 사진을 찍자. 아침 일찍 태극권을 연습하러 나오는 시민들을 따라 몸을 움직여보는 것도 재미있을 것이다.

• 2장 문인들의 도시, 청두

두보초당은 가능하면 남문으로 입장에서 북문으로 나오는 편이 좋다. 북문으로 나오면 그다음으로 쓰촨성 박물관으로 가기도 편하고, 칭양궁(청양궁)이나 원수위안(문수원) 등 시내의 다른 관광지로 가는 판다버스도 3위안에 탈 수 있어 다음 코스와 연결하기 쉽기 때문이다.

보통 관람에 2~3시간이 걸린다고들 하지만, 시간을 좀 더 오래 보내더라도 나쁘지 않다. 중국인 여행자들 역시 이곳에 오면 느긋하게 차를 마시기도 하고, 그림 도구를 챙겨와 그림을 그리기도 하면서 여유롭게 시간을 보낸다.

청두의 서점과 북카페

청두에는 북카페는 물론이고 크고 작은 서점들이 많다. 책을 좋아하는 사람이라면 북카페와 서점을 하나하나 들러보는 것만으로도 청두 여행이 충분히 즐거울 것이다.

산롄타오펀슈디엔三联韬奋书店

🏠 成都市青羊区宽窄巷子景区窄巷子30号
📞 (028)86632020
🕐 9:00~22:30, 금요일과 토요일은 24시간 영업
🚶 지하철 4호선 콴자이샹쯔 역 하차 후 도보 5분

본문에서 소개한 북카페 겸 서점으로, 번화한 콴자이샹쯔 내에서 조용히 책을 읽을 수 있는 공간이다. 금요일과 토요일에는 밤새도록 문을 열어놓는다.

치러슈디엔琦笏书店

🏠 成都市下东大街段义学巷81号

📞 (176)08013866

🕐 24시간 영업

🚶 지하철 2, 3호선 춘시루 역에 하차 후 도보 8분. 롬버스 파크 아우라 호텔榛悦隆堡酒店对面 맞은편에 위치해 있다.

쉬는 날 없이 24시간 문을 열어놓는 서점 겸 카페. 아기자기하게 꾸며놓은 1층에서 커피를 사서 2층으로 올라가면, 널찍한 책상에 책을 펼쳐놓고 있는 이들이 보인다. 세상이 전부 잠드는 순간에도 불이 꺼지지 않을 서점. 근처의 춘시루에서 야식을 먹고 천천히 걸어가 보아도 좋다.

팡쒀슈디엔方所书店

🏠 成都市锦江区中纱帽街8 타이구리 지하 1층

📞 (028)86586858

🕐 월~목 (10:00~22:00)
　　 금~일 (10:00~22:30)

🚶 지하철 2, 3호선 춘시루 역에 하차 후 도보 5분

타이구리 지하에 위치한 서점으로, 무려 4,000 평방미터에 달하는 대형 서점이다. 2016년 미국의 유명 건축잡지《아키텍처럴 다이제스트Architectural Digest》선정 전 세계에서 가장 아름다운 서점 열 곳 중 한 곳으로 뽑힌 적이 있을 정도로 서점 자체의 매력이 대단하다. 늘 계단에 빼곡히 앉아 책을 읽는 이들의 열기로 가득하지만 분위기가 들뜨지 않고 고요해서 지상의 타이구리와 대조를 이룬다.

밍탕 NU SPACE 슈디엔明堂NUSPACE书店

🏠 成都市青羊区奎星楼街8号

📞 (028)87461983

🕐 일~목(9:00~23:00) 금~토(9:00~00:00)

🚶 지하철 4호선 콴자이상쯔 역 하차 후 도보 13분. 카페 NUS-PACE纽를 찾는 편이 쉽다.

1층은 카페, 2층은 서점으로 이루어진 곳이다. 저녁 시간에 들르면, 서점에서 산 책을 1층의 카페에서 읽고 있는 청두 젊은이들을 볼 수 있다. 1년에 500위안, 혹은 한 달에 100위안을 내면 매일 아메리카노를 무제한으로 마실 수 있는 곳으로, 책 읽을 장소를 찾아 헤매는 청두 젊은이들의 사랑방 역할을 하는 곳. 1층 카페에서는 맥주도 파는데, 한 병에 10위안이다. 혼술하며 책에 빠지기 좋은 곳이다.

젠샨슈쥐 见山书局

🏠 成都宽巷子22号
📞 (028)66192896
🕐 9:00~22:00
🏃 지하철 4호선 콴자이샹쯔 역 하차 후 도보 5분

콴자이샹쯔 한가운데 자리잡고 있는 작은 서점. 이곳에는 청두에 관한 책들이 유난히 많다. 청두의 음식에 대한 책들, 청두의 차에 대한 책들, 그리고 청두의 문화며 방언 등에 대한 책들까지. 여행 중에 청두라는 도시에 애정을 느꼈다면 한번 들러볼 만한 서점이다. 외국인 여행자들을 위한 영어 책도 꽤 있다.

이외에도 청두에는 차지·번우侘集·本屋 서점, 샹싱슈팡象形书坊, 옌지유言几又 서점, 중슈거钟书阁 서점 등 수많은 대형 서점과, 각자 독특한 매력을 지닌 작은 독립서점들이 많다. 서점 탐험을 좋아하는 이라면 하나하나 다녀보며, 베이징에 이어 중국에서 두 번째로 서점이 많은 도시인 청두의 매력을 느껴보는 것도 좋을 것이다. 또한 여유가 되면 시내 한복판에 자리 잡고 있는 쓰촨성 도서관四川省图书馆에 들러보는 것도 좋다. 열람실을 가득 채운 책장 넘기는 소리를 듣다가, 도서관에서 판매하는 굿즈를 구경하고 지하의 카페에서 커피 한잔 하는 것을 추천한다.

3장

청두에서 보내는
느긋한 하루

중국의 다른 대도시에 가면 도시의 그 거대한 몸집에 어울리게 수많은 사람들이 바쁘게 움직인다. 그런 대도시의 거리를 걷노라면 시간은 쏜살같이 흘러가고, 내 혈관을 흐르는 것은 피가 아니라 도시의 오수汚水로구나 하는 생각마저 든다. 서울에서 태어나 자란 나로서는 그런 느낌이 마냥 싫지는 않고, 오히려 고향에 온 듯 친숙한 기분도 든다. 물론 고향처럼 친숙하다 해서 마음을 푹 놓고 늘어질 수 있는 그런 편한 느낌은 아니고, 내가 이곳을 속속들이 알고 있구나 하는, 그런 익숙함에 가까운 친숙함이다.

　청두 역시 대도시이니 내가 경험한 다른 도시들과 다르지 않을 거라 생각했다. 그러나 청두에 도착하고 얼마 지나지 않아 곧 깨닫게 되었다. 청두는 시간이 느리게 흐르는 도시라는 것을. 이상하게도 하루하루가 유난히 긴 곳, 그래서 나도 천천히 움직여야만 할 것 같은 곳.

대체 무엇 때문일까. 무엇 때문에 이 도시에서 나는 이리도 느긋할 수 있는 것일까. 청두 곳곳에 위치한 보물 같은 장소들을 하나하나 탐험하고, 그 장소들이 지닌 매력에 흠뻑 빠져들며 나는 그동안 쉽게 내려놓지 못하던 마음을 내려놓을 수 있었다.

다른 대도시에서의 1분과 청두에서 보내는 1분은 마치 다른 단위의 시간 같았다. 청두에서는 다른 도시에서 동일한 시간 동안 느꼈던 감정의 열 배는 느낄 수 있는 것 같기도 했다. 온몸의 긴장을 풀고 흘러가는 초 단위의 시간조차 느릿느릿 셀 수 있을 것만 같은 도시. 눈에 보이는 대도시의 풍경은 분명 익숙한 도시의 그것인데, 그 도시를 흐르는 시간은 참으로 느려 그 흐름마저 눈으로 잡을 수 있을 듯했다.

청두는 갈 곳이 참 많은 도시다. 워낙 좋은 곳이 많다 보니 청두에 짧게 오는 이들은 하루에도 몇 곳씩 빡빡하게 계획을 짜서 움직이곤 한다. 나는 청두에서 한 달을 보낼 수 있었던 운 좋은 여행자였다. 덕분에 청두에 있는 곳곳의 명소에서 느긋하게 시간을 보낼 수 있었고, 청두라는 도시가 지닌 시간의 흐름을 느낄 수 있었다.

짧은 시간밖에 머물 수 없어 시간이 아쉽더라도, 청두에서는 너무 많은 곳을 욕심내지 말라고 말하고 싶다. 한 곳, 또 한 곳, 느긋하게 구석구석 눈에 담으며 느리게 흐르는 시간을 느낄 때 청두의 진정한 매력을 느낄 수 있기 때문이다. 이 장에서는 내가 청두와 청두 근교에서 느긋하게 시간을 보냈던 곳들을 소개하고자 한다.

삼국지 영웅들의 사당, 우허우츠

어린 시절, 집에 있던 《삼국지연의》를 나달나달해지도록 읽었다. 언제나 내 마음을 뛰게 한 것은 촉나라 사람들이었다. 충성스러운 관우, 어쩐지 귀여운 구석이 있는 장비, 장판파長板坡에서 아두를 품에 안고 달리는 장면으로 내 마음을 빼앗은 조자룡, 그리고 바람을 자유자재로 부르는 제갈량. 그들의 이야기가 어찌나 좋았던지, 책이 낡도록 읽은 것으로도 모자라 꿈까지 꾸곤 했다.

《삼국지》를 좋아하는 사람들, 그중에서도 촉나라를 좋

우허우츠는 언제나 삼국시대를 꿈꾸는 이들로 북적인다.

아하는 사람들에게 청두는 꼭 들러봐야 할 도시다. 바로 유비가 세운 촉한의 수도가 청두이니 말이다. 그중에서도 청두 시내에 위치한 우허우츠武侯祠(무후사)는 제갈공명을 모신 사당인 동시에 유비의 묘, 혜릉이 함께 있어 항상 사람들로 북적인다.

　나는 《삼국지》를 몇 번 읽었는지 셀 수도 없어 그저 '백번도 넘게 읽었어요'라고 말하곤 하던 아이였다. 그런 나에게 우허우츠는 일종의 놀이공원 같은 곳이었다. 여기를 보아도, 저기를 보아도 삼국지와 관련된 무엇인가가 있었다. 그야말로 하루 종일 시간을 보내도 전혀 지루하지 않은 곳이었다. 유비 상을 보며 역시 귀가 크다고 깔깔 웃고, 조자룡 상을 보면서는 조금 더 잘 생기게 만들었어야 하는 거 아니냐고 사심을 섞어 비죽거리고.

그렇게 한참을 신나게 돌아다니다 보니, 점차 다른 것들이 보였다.우허우츠에 안치된《삼국지》의 인물들이 아니라, 그 인물들을 기리던 사람들의 마음이 조금씩 와 닿기 시작했던 것이다. 유비전 안으로 들어가는 문 옆 벽에는 제갈량의 출사표가 새겨져 있다. 남송南宋의 명장 악비岳飛의 친필인데, 처음에는 단정한 해서체楷書體로 쓰던 글씨가 중간부터 행서체行書體로 바뀐다. 제갈량이 출사표를 쓰던 그 마음을 악비는 아마 잘 알았을 것이다. 그 마음이 자신의 마음과 같아, 빠르게 붓을 내달리던 악비의 모습을 상상하게 된다.

유비전 안으로 들어가면, 왼쪽에는 유비의 손자인 유심이 있지만 오른쪽은 비어 있다. 본래 오른쪽에는 유비의 아들인 유선이 있었는데, 사람들이 자꾸만 유선의 상을 훼손했다. 처음에는 사람들이 유선의 상을 훼손해도 새로 만들었는데, 같은 일이 하도 반복되다 보니 결국 유선의 상은 만들지 않게 되었다. 유비의 손자인 유심은 촉나라가 망할 때 유비의 묘를 찾아와 자결했다고 한다.

《삼국지》는 아주 오래전 이야기다. 내가 《삼국지》를 읽을 때까지, 수많은 사람들이 그 오래전 이야기를 읽고 자신의 일인 것처럼 비분강개했다. 우허우츠 구석구석에 배인 수많은 이들의 흔적은, 같은 이야기를 읽고 함께 흥분하던 이들의 흔적이다. 이런 생각을 하노라면, 사람들로 북적거리는 우허우츠는 그저 정겨운 곳이 된다. 지금 내 옆을 스쳐가며 제갈공명 상을 가리키는 이들 모두 나와 같은 이야기를 읽고, 나와 같은 것에 분노하던 이들이기 때문이다.

원수위안에 부는 바람

베이징에서 공부하던 시절 친하게 지내던 친구들은 모두 '당원'이었다. 중국에서 당원이라는 것은 바로 공산당원이라는 것을 의미한다. 친구들은 당원으로서 해야 하는 일, 혹은 겪어야 하는 일을 가감 없이 이야기해주곤 했다. 같은 과의 당원끼리 모여 서로를 비판했다거나, 연휴 내내 마오쩌둥 주석의 어록을 베꼈다거나 하는. 이미 중국에서 생활한 구력이 꽤 붙은 내게는 그런 일들이 여상하게만 느껴졌다. 분명 나에게는 낯선 일임에도 불구하고, 아니 낯설었기 때문에 그런 것들이 그저 그들 삶의 한 부분이라고 받아들일 수 있었던 것인지도 모르겠다. 아무튼 그런 이야기를 들으면서도 친구와 나 사이에 커다란 경계가 있다거나, 중국인의 삶이 한국인의 삶과 크게 다르다는 생각은 하지 않았다. 위화감을 느낀 것은 오히려 일상적인 부분이었다. 한번은 종교 이야기를 하다가 친구에게 종교가 있는지 물었고, 친구는 무심하게 대답했다.

"나는 당원이야."

친구는 내가 익히 알고 있던, 본인이 공산당원이라는 사실을 다시 한 번 말했다. 나는 멈칫했다. 공산당원은 유물론에 입각하여 종교를 갖지 않는다. 대한민국에서 평범하게 자란 내가 그 논리를 이해하기까지는 꽤 시간이 걸렸다.

그 후로 베이징에서 종종 절이나 도교 사원에 들를 때면 같은 위화감을 느꼈다. 사회주의가 휩쓴 대륙의 절은, 불심을 닦는 곳이 아니라 그저 오래 묵은 문화재로만 느껴졌다. 물론 절마다 상황은 다르지만, 유명한 절일수록 버스를 타고 온 관광객들 한 무리가 내리면 깃발을 든 가이드가 큰소리로 절의 내력을 이야기하고, 관광객들은 삼삼오오 기념사진을 찍기 바빴다. 한때는 누군가가 마음에 담은 소원을 빌었을 곳이 이제는 스쳐가는 기념사진의 배경이 된 모

원수위안은 정원으로도 유명하다. 날씨 좋은 날 천천히 산책하며 청두의 신록을 느껴볼 만하다.

습을 보는 것이 탐탁지 않아, 나는 중국에서는 절을 비롯한 종교 시설에 가는 것을 즐기지 않았다.

그러니까 그 토요일 오후, 원수위안文殊院(문수원)에 가기로 마음먹은 것은 딱히 종교적인 열정을 느끼기 위해서가 아니었다. 그저 청두에 원수위안이라는 절이 있다니 한 번은 가보아야지, 하는 마음이었다. 그냥 토요일이고, 청두까지 와서 남들 다 간다는 원수위안 한 번 안 가는 것도 이상하고, 그런 마음.

그러나 원수위안 앞 골목인 원수팡에 들어섰을 때, 그간

보아온 중국의 다른 절들과는 조금 다르다는 생각이 들었다. 내 앞에 원수위안을 향해 걸어가는 할아버지와 손녀는 아무리 보아도 관광객이 아니었다. 가게에서 향을 사서 나오는 아주머니의 표정도 분명 신자의 그것이었다.

고개를 갸웃하며 원수위안에 들어섰을 때, 불경을 외우는 소리가 들렸다. 궁금한 마음에 따라가 보니 젊은 신자들이 모여 불경을 외우고 있었다. 갸웃거리는 내가 신입 신자로 보였던 걸까, 그중 한 사람이 불경을 한 권 나에게 건넸다. 나는 웃으며 불경을 몇 페이지 펼쳐보다가 건물을 나왔다.

원수위안은 살아 있는 절이었다. 신앙을 가진 사람들이 찾아와 무엇인가를 바라는, 그 바람의 에너지가 넘쳐흐르는 살아 있는 절. 나는 베이징에서 갔던 절들을 떠올리며, 그리고 '나는 당원이기 때문에 종교가 없다'던 친구의 말을 떠올리며 천천히 원수위안을 산책했다. 나는 종교가 없지만 종교를 가진 이들이 간절하게 무엇인가를 바라는 마음이, 그 마음에서 불어오는 바람이 참 기꺼웠다.

경내의 불당들을 지나면 대숲이 근사한 정원이 나오고, 정원을 따라 한참 산책하면 불법을 연구하는 공림강당空林講堂이 나온다. 토요일 오후, 공림강당에서는 사람들이 줄

지어 움직이며 불경을 외우고 있었다. 사람들을 한참 바라보다 나오노라니, 커다란 돌 대야 안 물 위에 떠 있는 연꽃 두 송이가 보였다. 물 위로 슬며시 바람이 스쳐가고, 그 위로 다시 사람들의 바람이 스쳐간다. 원수위안에 부는 바람은 어쩐지 다른 곳에 부는 바람보다 좀 더 고요하면서도 좀 더 힘이 있는 것 같았다.

청동기에 담긴 옛사람들의 이야기

1929년, 청두 근교 광한시广汉市에서 논에 댈 물길을 파던 농부가 옥기 몇 점을 발굴했다. 그 후로 고고학자들이 이 지역을 여러 번 조사했으나 별다른 소득이 없었다. 그렇게 수십 년이 지난 1986년, 마침내 싼싱두이三星堆(삼성퇴) 유적이 발굴되었다. 싼싱두이 유적은 기원전 2000년 전, 혹은 그 이전, 그러니까 지금으로부터 수천 년 전 쓰촨 지역에 자리 잡고 살던 이들의 유적으로 청동기 시대의 문화에 속한다.

청동기는 언제나 가슴을 두근거리게 한다. 내가 처음으로 청동기와 사랑에 빠진 것은 상하이 박물관 청동기실에서였다. 청동기를 실제로 보기 전, 나는 내가 청동기를 좋아하게 되리라고는 생각하지 못했다. 내가 좋아하는 유물들은 대부분 실생활에 관계있는 것들로, 옛사람들이 실제로 차를 우려냈던 도자기 다구라든가, 허리띠에 걸었던 옥 장식이라든가 하는 것들이었다. 즉, 옛 사람들이 실제 생활에서 썼던 물건에서 그들의 흔적을 느끼는 것을 좋아했던 것이다. 도록에서 본 청동기에서 나는 생활의 냄새를 맡을 수 없었고, 박물관 청동기실에 들어갔던 것도 '기왕 여기까지 왔으니 모든 전시실을 보고는 가야지' 하는 마음에서였다.

그러나 청동기를 실제로 보았을 때, 나는 '압도당하다'라는 말의 의미를 알게 되었다. 압도당했다. 청동기 특유의 푸르스름한 빛깔은 어딘가 신묘한 구석이 있었다. 고대의 청동기를 보는 순간, 나는 춤을 추고 싶었고 노래를 부르고 싶었다. 고대의 제사장이 된 것처럼, 내 영혼을 저 단단한 청동 안에 담고 싶었다. 생활의 느낌은 없었다. 그러나 청동기에는 분명 옛사람들의 영혼이 묻어 있었다. 청동기에 새겨진 명문을 읽을 수는 없었지만, 그 명문을 새기던 마음은 알 것 같기도 하고 모를 것 같기도 했다. 청동이라는 재질이 가진 특유의 힘 때문인 듯했다.

현대인인 내가 고대인의 영혼을 이해할 수 있을까? 역사를 공부할 때 지금으로부터 겨우 수백 년 전 사람들의 사고방식도 이해할 수 없어 머리를 쥐어뜯게 되는 경우가 많았다. 그런데 과연 수천 년 전 사람들의 마음을 이해할 수 있을까. 혹은 이해한다고 믿고 싶은 것일까. 이 의문에 대한 답은 아마 영원히 알 수 없을 것이다. 어쨌든 청동기를 볼 때면, 저 청동기에 담긴 고대인의 영혼과 내 영혼이 만나는 것 같아 그렇게 심장이 뛴다.

청두에 가기로 한 후, 싼싱두이에 꼭 가야겠다고 결심했다. 싼싱두이에서 발굴된 청동기는 중원의 청동기와 아주 다르다고 했다. 과연 사진으로 본 싼싱두이의 청동 인면상人面像들은 내가 아는 청동기와는 다른 표정을 하고 있었다. 수천 년 전, 이 지역에 자리 잡았던 이들은 싼싱두이의 인면상들과 같은 표정을 짓고 있었을까. 저 인면상에 자신들의 영혼을 담았을까, 너무나 궁금했다.

싼싱두이 박물관은 유적 위에 지은 박물관으로, 개관한 지 20여 년이 되었지만 쾌적한 관람 환경을 자랑한다. 차례대로 따라가 보면, 높이 2.62미터에 달하는 청동 인물입상이나, 넓이가 1.38미터에 달하는 청동 인면상, 그리고 3.95미터의 높이를 자랑하는 청동으로 만든 신령한 나무를 보게 된다. 이런 거대한 청동기들을 만들어낸 이들은 대체 어디서 온 이들이었을까. 또 그들은 어떤 역사를 만들며 살았던 것일까.

안타깝게도 싼싱두이의 청동기를 만든 이들이 어떤 이들인지, 지금으로서는 명확하게 알 수 없다. 이들에 대한 기록도 남아 있지 않을뿐더러, 아직 이들의 유물에서 체계적인 문자가 발견되지도 않았기 때문이다. 싼싱두이 박물관에서 우리가 의지할 수 있는 것은 상상뿐이다. 저 거대한 인면상들을 남겨놓은 이들에 대한 상상.

청두에 있는 내내 옛사람들의 이야기를, 그들의 서사를 느껴보고자 했다. 그러나 싼싱두이 박물관에서는, 누군가의 이야기를 넘어 그저 순수하게 옛사람들의 마음을 느끼고 싶었다. 그 인면상을 만든 이들은 어떤 마음이었는지, 그것을 바라보던 이들은 또 어떤 마음이었는지, 지금 그 얼굴들을 바라보는 내 마음과 겹치는 부분이 조금이나마 있는지. 싼싱두이 박물관에서 보낸 하루 내내, 나와 마주한 그 수많은 얼굴을 바라보며 내 안에도 분명 고대로부터 내려온 어떤 힘이 잠들어 있으리라 믿어보았다. 믿으며 옛사람들과 공명해보았다.

두장옌, 자연을 이용한 슬기로운 지혜

치수治水라는 말이 있다. 말 그대로 물을 다스린다는 뜻으로, 수리 시설을 건설하여 홍수나 가뭄을 막는다는 의미다. 농경민들에게 치수는 무엇보다도 중요했다. 고대 중국의 전설의 제왕인 순 임금이 우 임금에게 제위를 물려준 것도 우 임금이 치수에 성공했기 때문이라고 할 정도로, 치수는 백성들의 생존과 결부되는 문제였다.

청두 근교 두장옌都江堰(도강언) 역시 고대인들이 생존을 위해 물을 다스리고자 했던 곳이다. 기원전 251년, 촉군의 태수였던 이빙李泳은 민강岷江의 범람으로 인한 홍수를 막기 위해 수리 시설을 건설했다. 강에 제방을 쌓아 홍수와 가뭄을 대비한 두장옌 덕분에, 사람들은 안정적으로 농사를 지을 수 있었다. 풍요로움으로 이름 높은 청두 평원이 역사에 등장한 것도 바로 두장옌을 건설한 이후의 일이다.

《사기》의 〈유후세가留侯世家〉, 그리고 《한서漢書》의 〈장량전張良傳〉에는 장량이 관중關中*을 도읍으로 정하자고 하

---

* 중국 북부의 산시성 웨이수이강渭水江 분지 일대를 이르는 말. 주나라의 호경鎬京, 진나라의 함양咸陽, 한나라·수나라·당나라의 장안長安이 이곳에 위치했다.

면서 다음과 같은 말을 한다.

　관중의 왼쪽은 효함殽函이고 오른쪽은 농촉隴蜀으로, 그
　사이에 기름진 들판이 천리에 달하니 이것이 바로 금성천
　리金城千里요, 천부지국天府之國이다.

　토지가 비옥하고 천연자원이 많은, 마치 하늘이 내린 땅
과 같다는 의미의 천부지국이라는 말은 바로 여기에서 연
유한다. 당시 장량이 천부지국으로 꼽은 땅은 바로 관중 평
원이었다. 그런데 두장옌 건설 이후, 가물고 거칠었던 청두
평원이 계속 풍년을 거듭하고 양식의 생산량도 크게 늘면
서 고대 중국인들은 점차 관중 평원보다는 청두 평원이 천
부지국이라는 이름에 걸맞다고 여기게 되었다.《삼국지》의
〈제갈량전〉에는 다음과 같은 이야기가 나온다.

　익주는 험준하고 기름진 들판이 천리에 달하니 천부지국
　이다. 고조는 이로 인해 제업을 이루었다.

　즉, 한나라 말기에 이미 청두 평원이 천부지국의 명성을
차지했던 것이다. 그 후 당나라의 시인 이백이 다시 한 번

하늘이 청두를 내었다 노래하면서, 천부지국은 청두를 가리키는 말이 되었다. 현재 청두 시내 한복판에 있는 광장 이름도 바로 천부天府, 즉 '톈푸 광장'이다.

청두가 하늘이 내린 풍요로운 땅이 된 것은 바로 두장옌 덕분이라 할 수 있다. 청두에서 머무는 동안, 두장옌에 꼭 가보고 싶었던 것은 바로 그래서였다. 내 눈에 비친 청두는 인간과 자연이 조화를 이룬, 그러나 아름다운 자연 어디에나 인간의 손길이 묻어 있는 인간이 만든 천국이었다. 자연과 투쟁한 끝에 조화를 이루어낸 인간의 힘, 그 힘이 어디에서 나온 것인지 찾아보고 싶었다.

두장옌은 청두에서 차로 한 시간 정도 떨어진 곳에 위치해 있는데, 거리가 멀지 않기 때문에 사람들이 소풍 겸 자주 가는 곳이다. 내가 두장옌에 간 날은 평일이었는데도 사람들이 꽤 많았다. 입구에서부터 두장옌 지도라든가, 각종 기념품을 파는 행상들이 돌아다닐 정도였다. 거대한 성 모양으로 지어놓은 입구로 들어서면 거대한 광장이 펼쳐진다. 마치 유원지 초입 같은 느낌의 이 광장을 지나 전기로 움직이는 버스를 타고 두장옌을 둘러볼 수 있다.

두장옌은 넓었다. 넓으리라 생각은 했지만 생각보다 훨씬 넓었다. 그리고 유속이 굉장히 빨랐다. 대체 이 물을 어

두장옌은 청두 평원을 풍요롭게 만든 고대의 수리시설로 2000년 세계문화유산으로 지정되었다. 사진은 두장옌의 명물인 안란차오로 길이 320미터의 흔들다리다.

떻게 다스린 것일까. 겨울철 쌓인 눈이 녹으며 민강으로 유입되면, 강은 범람하기 마련이었다. 반대로 강이 종종 마르기도 했다. 이 경우 해결책은 댐을 만드는 것이지만 이빙은 다른 방식으로 문제를 해결했다. 바로 강의 물줄기를 두 갈래로 갈라버린 것이다.

물을 가두었다가 필요할 때 쓰는 방식이 아니라, 물이 그대로 흘러가도록 두되 물줄기를 가르고 경사를 두어 물을 필요한 만큼 안정적으로 쓰는 방식은, 우공이산愚公移山의 기개를 연상케 할 뿐 아니라 자연과의 조화를 이루려는 노력도 돋보였다.

조금 엉뚱하게 들리겠지만, 두장옌을 둘러보는 동안 나는 10년 전의 쓰촨 대지진을 떠올렸다. 대지진이 일어났을 때 나는 베이징에 있었고, 쓰촨 출신 친구들이 괴로워하는 것을 옆에서 지켜보았다. 모두가 괴로워했던 그 시간, 그러나 나는 그 후로 쓰촨 사람들이 어떻게 버텨냈는지, 어떻게 살았는지에는 관심을 두지 않았다. 청두에 도착한 후에야, 나는 비로소 지진 이후의 삶을 생각하게 되었다.

대지진 후, 청두는 도시 전체를 새로이 구획하고 내진 설계를 넣은 건물들을 새로 지었다. 사람들은 계속 모여 도읍을 이루고, 있는 힘을 다해 자연에 대항하며 버티고 있었다.

두장옌을 건설하던 시절의 청두는 어떤 모습이었을까. 거친 자연의 힘에 절망하면서도, 희망을 품고 앞날을 바라보았을 것이다. 두장옌으로 인해 풍요로워진 청두 평야를 자신은 볼 수 없을지라도, 내 자식들은 풍요롭게 살기를 기원하는 마음이었을지도 모르겠다. 척박한 땅을 천부지국으로 만들었던 과거의 사람들에게, 지진 이후 도시를 새로 짓고 있는 청두 사람들이 겹쳐 보였다.

풍요를 기원하며 자연에 대항하는, 그리하여 조화를 이루는 이들의 힘이란 만개하기 직전의 꽃봉오리가 지닌 힘과 같은 그런 것이겠지. 4월의 청두는 그렇게 피어나기 직전의 꽃봉오리 같은 느낌이었다. 빠르게 흘러가는 강물을 보노라니, 두장옌을 건설하던 시대의 이 땅도 그렇게 꽃봉오리 같은 곳이었겠구나 싶어 미소가 지어졌다.

유쾌한 정통극 관람기

중국인들은 연극을 참으로 사랑한다. 중국 어느 지방에 가건 그 지역의 특색을 담은 전통극 공연이 하나쯤 내려오기 마련이고, 여행자 입장에서는 그 지역 방언을 이용하는 대사를 다 알아듣지 못한다 해도 한 번쯤 관람하는 것도 또 다른 맛이다.

쓰촨의 연극은 천극川劇이다. 천극은 쓰촨뿐 아니라 윈난이나 구이저우 일부 지역의 연극까지도 포함하는 지방극인데, 그 연원을 따지면 당나라 말기의 잡극雜劇이나 남송 시기의 천잡극川雜劇까지 올라가지만 실제로는 명 말 청 초 쓰촨 지역에 외지인들이 이주해올 때 함께 들어온 타 지역의 연극 문화를 적극 받아들이며 발전했다고 한다. 지금과 같은 형태의 천극은 대략 청나라 말기에서 민국 시기 초기에 형성되었는데, 쓰촨인들 특유의 낙천적인 분위기가 스며들어 유머러스한 극을 만들어냈다.

중국 전통극에 관심이 많은 사람이라면 천극 특유의 창법이나 대사 등에 좀 더 관심이 가겠지만, 일반 여행자의 눈에 더 들어오는 것은 역시 천극 배우들이 벌이는 곡예에 가까운 기예들이다. 예를 들자면 눈 깜빡할 사이에 배우의 얼굴이 획획 바뀌는 변검變臉, 배우가 입속에 인화물질을 물고 있다가 입에서 불을 내뿜는 토화吐火, 종이나 천에 그린 눈을 발에 붙여놓았다가 순식간에 발을 들어 그 눈을 이마에 가져다 붙이는 척혜안踢慧眼 등등. 다른 지방에서는 찾아보기 어려운 기예들이다.

진리에서 관람한 장취호 공연.

콴자이샹쯔나 진리 거리를 걷다 보면 관광객들을 대상으로 청두 특유의 문화를 결합한 1시간 정도의 공연을 홍보하는 이들을 종종 볼 수 있다. 나도 재미 삼아 진리에서 그런 공연을 한 번 보러 가보았다. 이런 소규모 공연장들은 보통 크기가 크지 않아 뒷자리에 앉더라도 공연을 보는 데는 문제가 없고, 공연 시간이 가까워질수록 약간의 할인도 들어가기 마련이니 눈치껏 흥정을 시도해도 좋다.

내가 본 공연은 청두에 오는 관광객들이라면 가장 보고 싶어 하는 청두의 문화를 소개하는 공연이었다. 자리에 앉자 개완을 하나 앞에 놓아주었다. 개완 안에는 아미산의 녹차에 어여쁜 말리화를 블렌딩한 벽담표설碧潭飄雪이 담겨 있었고, 직원은 장취호長嘴壺를 사용해 개완에 물을 부어주었다. 장취호의 취嘴는 부리라는 의미로 말 그대로 부리가 긴 주전자라는 뜻이다.

　베이징에 살던 시절, 집 근처 훠궈 식당에 장취호를 들고 손님들의 찻잔에 물을 채워주며 다니는 직원이 있었다. 부리가 긴 주전자로 물을 정확하게 따르는 것이 상당한 기술이라, 그 직원 말고는 아무도 장취호를 써서 손님의 잔에 물을 채울 수가 없었다. 사실 훠궈를 먹으면서 뜨거운 차를 마시는 것은 내 취향이 아닌데, 그 물을 붓는 모습이 재미있어서 자꾸 열기를 가라앉힌다는 국화차나, 알록달록한 팔보차 같은 것을 시키곤 했다.

　장취호가 발전하기 시작한 것은 청 말 민국 초라고 한다. 본래 쓰촨 지역에서 시작되었는데, 초반에는 1척(33센티미터) 정도의 주둥이가 달린 주전자였다. 쓰촨의 찻집은 보통 굉장히 커다란 탁자에 여러 사람이 둘러앉아 차를 마시는 형태로 발전했고 지금도 쓰촨 찻집에서는 같은 탁자에 합석하여 차를 마시는 경우가 종종 있다. 손님들은 주로 높은 의자에 앉아 있고 개완을 찻잔처럼 이용하여 차를 마시는데, 직원이 일반적인 주전자로 물을 따르다 보면 아무래도 손님과 부딪치는 일이 많고 멀리 있는 개완에 물을 채우기도 어려웠을 것이다. 그래서 이런 장취호가 생겨났다고 한다. 장취호는 후에 중국 남방, 그중에서도 장강 유역으로 퍼지면서 주둥이가 점점 길어지고, 실용적인 면보다도 찻집의 분위기를 살리는 소품으로 쓰이기 시작했다. 아무래도 찻집의 규모나 테이블 간격이 큰 영향을 끼쳤을 것이다.

장취호는 복잡한 찻집에서 쓰기 편할 뿐 아니라, 나름의 효능이 있다. 장취호를 쓰면 물이 개완에 떨어질 때 찻잎에 가하는 충격이 크기 때문에 찻잎이 끓는 물 속에서 빠르게 점핑을 하고, 찻잎 안의 폴리페놀이나 카페인이 빠르게 분해되어 나온다. 또한 끓는 물이 장취호의 긴 주둥이를 지나면서 물의 온도가 떨어지게 되는데, 보통 물 온도가 80도에서 90도 정도로 조절된다고 한다. 이는 청두 사람들이 사랑하는 녹차나 꽃차를 우리기에 적당한 온도일 뿐 아니라, 차가 우러나왔을 때 개완을 직접 입에 대고 마시기에도 적절한 온도다.

그렇게 개완을 들고 차를 마시고 있노라니 곧 전통의상을 입은 다예사가 나와 개완을 사용해 차를 청두식으로 우리는 법을 보여주고, 원하는 손님에게는 우린 차를 몇 모금씩 맛보게 해주었다. 그 전에 마시던 차와 전문가가 우려낸 차는 어떤 차이가 있나 고개를 갸웃하고 있으니, 곧 장취호를 든 사람이 나와 각종 자세로 장취호를 사용해 물을 따르는 법을 보여주었다. 종종 관람객 중 지원자를 받아 장취호를 써보게 해주는데, 장취호를 처음 잡아보는 사람이 제대로 물을 따르기는 쉽지 않아 관람객 사이에서 웃음이 터져 나왔다. 그렇게 한참 흥겨워진 분위기를 타고 마지막으로 변검을 보여주는 배우가 등장했다. 모두 배우가 어떻게 얼굴을 바꾸는지 알아내려고 눈을 크게 떴지만, 결국은 그 비밀을 알아내지 못하고 박수를 치며 감탄사만 내뱉었다.

콴자이샹쯔나 진리에서 보는 이런 짧은 공연보다 좀 더 제대로 된 천극을 보고 싶다면, 진장쥐창錦江劇場(진강극장)에 가서 푸룽궈추이芙蓉国粹(부용국수)• 공연을 보기를 추천한다. 나도 짧은 공연만으로는 충족이 되지 않아 푸룽궈추이 공연을 보러 갔는데, 결론부터 말하자면 아주 좋았다. 극의 구성도 좋았고, 배우들의 연기와 기예도 훌륭했다. 무엇보다 쓰촨과 천극하면 생각나는 모든 것을 총망라한 공연

• 푸룽궈추이의 푸룽芙蓉은 부용꽃을 의미한다. 예전에는 부용꽃이 많다 하여 청두를 부용성이라 부르기도 했다. 추이粹는 정수, 정화와 같은 말이니 청두의 정수를 모아놓은 공연이라는 의미다.

푸룽귀추이 공연의 무대 인사 모습.

이었다.

삼국지의 영웅들을 형상화한 배우들이 춤을 추고, 입에서 불을 토해낸다. 사람이 얼굴을 바꾸는 것으로 모자라 꼭두각시가 나와 춤을 추다가 얼굴에 쓴 가면을 바꾼다. 그 외에도 놀랍기만 한 각종 기예에 그림자극까지, 공연을 보는 내내 계속 웃고 놀라며 박수를 치느라 정신이 없을 정도였다. 부용국수 공연 역시 관광객들을 대상으로 하는 것이다 보니 정통 천극과는 조금 거리가 있었지만, 여행자 입장에서는 몹시 흡족한 저녁이었다.

여담이지만 푸룽귀추이 공연에는 외국인 관람객들을 위해 중국어, 영어, 일본어, 한국어 자막이 나오는데, 안타깝게도 자막의 질이 매우 좋지 않았다. 번역기를 돌리거나, 혹은 한국어 실력이 높지 않은 사람이 번역한 모양이었다. 나는 중국어를 이해하니 별 무리 없이 공연을 관람했지만, 중국어를 모르는 한국인이 본다면 내용을 이해하기 어려울 듯했다. 극장 쪽에 재번역이 필요할 것 같다는 쪽지를 남겼는데, 자막을 바꿨을지는 모르겠다. 어쨌든 한국어 자막에는 큰 기대를 하지 않고 가는 편이 좋다.

푸룽궈추이 공연표는 인터넷에서 미리 예매하면 상당히 저렴하게 구매할 수 있다. 우리나라 사람들이 많이 이용하는 타오바오에 검색해도 나오니, 청두에 여행을 가기 전 미리 저렴한 가격에 예약할 수도 있다. 인터넷으로 표를 예매하기 힘들다면 콴자이샹쯔 초입의 관광안내소에서도 표를 구입할 수 있다. 역시 위챗 같은 스마트페이를 이용한 결제만 가능하지만, 공연 시간에 맞춰 콴자이샹쯔에서 극장까지 전용버스로 데려다주기도 한다. 극장에 도착해 표를 받으면 되는데, 표가 있으면 공연뿐 아니라 극장 옆 찻집에서 개완에 담긴 말리화차를 한잔 마실 수도 있으니 놓치지 말자.

우허우츠의 붉은 담장 길

우허우츠와 진리 거리

🏠 成都市武侯区武侯祠大街231号

🕐 5월~10월(8:00~20:00)
11월~4월(8:00~18:30)

¥ 일반 60위안, 노인과 학생에게는 우대 금액이 적용된다

🏃 지하철 3호선 가오성차오高升桥 역 하차 후 도보 11분

우허우츠에 들어가면 사당들만 보고 나오는 경우가 있는데, 유비의 능인 혜릉惠陵을 꼭 보기를 추천한다. 두보초당과 같은 붉은 담장길을 비롯해 인생샷을 찍을 수 있는 스팟이 많다. 여담이지만 현재 중국에서는 대부분 위챗페이 등으로 결제가 가능한데, 관광지의 입장료만은 현금으로 결제해야 하는 경우가 대다수이니 현금을 챙기도록 하자.

우허우츠를 나오면 촉나라 시대의 거리를 재현해놓은 진리锦里 거리로 들어가게 된다. 진리의 '리里'는 골목을 뜻하는 말인데, 관광객을 대상으로 하는 상업지구다. 현지인들이 가는 곳을 찾는 이들에게는 조금 실망스러운 곳이지만, 아쉬운 대로 청두 고유의 분위기를 느껴볼 수 있다. 청두 특유의 먹거리를 하나씩 사 먹는 재미도 있고, 즉석에서 흥정하여 공연을 볼 수도 있다. 아이들에게 선물할 변검 장난감(플라스틱 인형으로 움직여줄 때마다 얼굴이 바뀐다)을 사서 카페

에서 목을 축이고 있노라면 관광객만이 느낄 수 있는 즐거움도 얻을 수 있다.

진리는 낮보다 밤이 훨씬 예쁜 거리이니 가능하면 오후 늦게 우허우츠를 보고 진리에서 저녁 시간을 보낼 것을 추천한다. 취향에 따라 다르겠지만 개인적으로는 우허우츠와 연결해서는 가되, 진리만을 따로 가고 싶은 마음은 들지 않았다.

원수팡文殊坊

🏠 四川省成都市青羊区草市街酱园公所路 邮政編碼

🕐 가게에 따라 다르다

🚶 지하철 1호선 원수위안 역 하차 후 도보 9분

원수위안 앞 거리를 원수팡이라 하는데, 나는 이 거리를 참 좋아한다. 주로 청두의 수공예품을 파는 상점들이 많은 거리로 대부분 품질이 좋다. 대나무를 엮어 옷을 입힌 다구라거나, 서예가가 직접 글씨를 쓴 부채 등은 콴자이샹쯔에서 파는 것과 비슷하지만 콴자이샹쯔보다 덜 정신없는 상태에서 물건을 고를 수 있다. 안쪽으로 들어가면 골동품을 파는 노점들도 나온다. 마음에 드는 물건의 가격을 물어보면 생각보다 꽤 비싼 경우가 많았다. 나는 이 거리에서 책도장을 하나 팠는데, 가격도 괜찮고 마무리도 깔끔했다.

나는 중국에 갈 때면 종종 책도장을 파오곤 하는데, 마음에 드는 돌을 고른 후 이름이나 호에 '장서藏書', '과안過眼' 등을 더해 새기면 된다. 장서는 소장한 책이라는 의미이고, 과안은 눈이 지나갔다는 의미. 책을 사면 장서 도장을 찍고, 책을 다 읽으면 과안 도장을 찍는다.

싼싱두이 박물관 관람팁

🏠 德阳市广汉市西安路133号
🕐 종합관(8:30~18:00), 청동관(8:30~18:30)
¥ 일반 72위안
🚶 아래 내용 참조

청두 춘시루의 IFS몰, 콴자이샹쯔, 우허우츠, 두보초당 등 앞에는 노란 판다 버스 정류장이 있는데, 여기서 매일 싼싱두이, 두장옌, 판다 기지, 아미산, 청성산 등 청두 근교로 떠나는 버스가 출발한다. 여행 하루 전날 예약하면 보통 좌석 확보에 별 문제가 없다. 다만 판다 버스의 경우 현금을 받지 않고 스마트페이류의 결제만 가능하다. 친절한 직원을 만날 경우 현금을 받고 대신 결제해주기도 하지만, 항상 그렇지는 않다. 판다버스에 관한 정보는 관련 홈페이지를 참조할 수 있다.(http://www.cd917.com)

싼싱두이까지 가는 또다른 방법으로는 청두 기차역으로 가서 박물관이 있는 광한으로 가는 기차를 타는 방법이 있다. 광한베이잔广汉北站 역에 내린 다음, 1번 버스를 탄 후 다시 류양밍위안浏阳名苑 정류장에서 하차하여 10번 버스로 갈아타면 싼싱두이 박물관으로 갈 수 있다. 혹은 청두 시내에서 1, 7, 45, 63, 69, 70, 71, 83, 302번 버스를 타고 자오줴쓰昭覚寺 정류장에 도착한 후, 다시 광한으로 가는 버스로 갈아타고 20여 분을 달리면 광한시에 도착한다. 광한 내에서는 6, 10번 버스를 타면 박물관에 도착할 수 있다. 근처에 택시 등은 전혀 보이지 않았으니 반드시 청두로 돌아가는 법을 미리 알아두도록 하자.

나는 부모님과 함께 여행하던 중이라 기사님이 운전하는 차를 한 대 대절했다. 부모님의 체력을 생각해 차를 대절한 것도 있지만, 판다버스 등을 이용할 경우 보통 싼싱두이와 판다기지가 묶여 있거나 두장옌과 판다기지가 묶여 있는 식으로 선택에 제약이 있기 때문이기도 했다. 나는 싼싱두이와 두장옌을 하루에 보았는데, 사실 싼싱두이 박물관은 하루종일 보아도 질리지 않는 곳이었다. 두장옌을 보기 위해 박물관을 나오면서 발이 떨어지지 않아 고생했다.

여담이지만 싼싱두이 박물관 근처에는 식당이 전혀 없다. 박물관 안에도 음료수 정도를 파는 매점이 있을 뿐, 요기 거리가 전혀 없으니 하루 종일 관람할 예정이라면 도시락을 준비해야 한다. 박물관 밖 정원에서 도시락을 먹는 것도 꽤 운치 있다. 박물관은 종합관과 청동관으로 나뉘어져 있기 때문에 티켓을 잘 가지고 있어야 한다.

두장옌 여행팁

🏠 成都市都江堰市公园路
📞 (028)87293800, (028)87138587
🕐 5월~10월(8:00~17:30), 11월~4월(8:00~18:00)
¥ 일반 80위안, 노인과 학생 우대 있음
🚶 아래 내용 참조

청두에서 두장옌에 가기는 어렵지 않다. 앞에서 언급한 판다버스 외에, 버스와 기차 등의 출발편이 많은 편이다. 대중교통을 이용해 두장옌에 가는 가장 쉬운 방법은, 지하철 2호선 시푸犀浦 역으로 가서 기차로 환승, 두장옌에 가는 것이다. 시푸에서 두장옌까지 기차로 걸리는 시간은 30분 정도, 두장옌 역에 내린 후에 다시 택시 등을 이용하면 된다.

두장옌 매표소 앞에는 식당이 여러 곳 있는데, 관광지에서 먹는 식사이니 별 기대를 하지 않았음에도 불구하고 내가 청두 여행 중에 먹은 음식 중 가장 맛없는 음식이었다. 다른 먹거리를 준비해 가거나, 차라리 두장옌 내에서 파는 각종 간식을 먹는 편이 입이 즐거울 것 같다. 나는 두장옌 내에서 먹은 것 중 껍질 벗긴 오이가 시원하고 맛있어서 좋았다.

두장옌의 명물은 안란차오安瀾橋(안란교)라는 다리인데, 길이 320미터에 이르는 흔들다리로 스릴 만점이다. 본래 아주 예전부터 내려오던 다리인데(최초의 기록은 송나라 때의 것으로, 다리의 이름을 바꾸었다는 기록이 있으니 그전부터 있었던 모양이다) 명나라 말기에 전쟁으로 불타고 말았다. 현재의 다리는 청나라 가경제 때 새로 중건한 것. 안란차오를 건너가면 이빙을 기리는 이왕묘가 나온다.

두장옌 안에는 전기로 가는 차가 다니는데, 두장옌이 꽤 넓으니 걷는 것에 자신 없다면 표를 구매해서 차를 이용하는 것을 추천한다.(1인 15위안)

4장

안개 속
대나무 숲으로

한 달의 일정 중 여유가 된다면 며칠 시간을 내어 충칭重慶으로 올라가 3박 4일에 걸쳐 장강을 유람하는 배를 탈 생각이었다. 그러나 우연히 만난 인연이 내 생각을 바꾸어 놓았고, 나는 쓰촨의 남쪽으로 향하게 되었다. 바로 이빈宜賓, 대나무와 술의 고장으로.

　청두는 대도시다. 대도시에서는 보통 한 번 스쳐 간 사람과는 두 번 다시 만나지 못한다. 그런데 청두에서 우연히 같은 기사의 택시를 이틀 연속으로 타는 일이 벌어졌다. 그 기사가 늘 일정한 지역에 상주하고 있고 내가 그 지역을 자주 지나간다거나 해서 벌어진 일도 아니었다. 택시 기사는 손님들이 원하는 곳으로 돌아다니고 있었고, 나는 나대로 볼일을 보러 다니고 있었다. 같은 택시에 이틀 연속으로 타게 된 것은 정말 우연이었다.

"와, 정말 대단한 우연이네요."

나와 비슷한 연배인 듯한 여성 기사는 수줍게 웃으며 답했다.

"인연이지."

우연이 아니라 인연이라는 그 말이 몹시 좋게 들렸다. 우리는 인연에 힘입어 이런저런 대화를 신나게 나누었다. 기사는 외국인이 청두의 무엇을 좋아하는지 무척 궁금한 모양이었다. 청두의 어디가 가장 좋으냐, 청두에서 먹은 음식 중 가장 맛있었던 것은 무엇이냐, 등 끊임없이 질문을 던졌다. 나는 한참 대답하다가, 이제 질문은 그만하고 좋은 곳을 추천해달라고 졸랐다. 있잖아, 여행객들에게 꼭 추천하고 싶은 곳, 청두에 왔으면 여기만은 꼭 가보라고 하고 싶은 곳 없어요? 그런 좋은 곳 좀 추천해줘요.

"좋은 곳…… 음, 청두에서 조금 떨어진 곳도 괜찮아?"

"응, 괜찮아!"

"혹시 가서 자고 와야 하거나 해도?"

"응!"

"그렇다면 이빈이지."

"이빈?"

기사는 내 휴대폰 메모장에 이빈을 적어주었다.

"대나무 숲이 바다를 이루는 곳이야. 가면 절대로 후회하지 않을 거야."

나는 휴대폰 메모장에 적힌 이빈이라는 두 글자를 응시하다가 웃으며 대답했다.

"응, 인연의 힘을 믿고 가볼게!"

──────── 중국인들과의 단체여행

이빈은 쓰촨 남쪽 윈난雲南과 맞닿은 곳에 위치한 도시로, 대나무와 술의 고장으로 유명하다. 그중에서도 내가 간곳은 수난주하이蜀南竹海, 즉 촉의 남쪽, 대나무의 바다라불리는 곳이었다. 그 이름에 걸맞게, 수난주하이는 거대한대나무 숲으로 이루어진 삼림공원이다.

청두에서 이빈까지는 차로 4시간 정도 걸리는데, 중국에서 차로 4시간 거리면 상당히 가까운 거리라고 보면 된다. 그렇기 때문에 이빈으로 가는 단체여행은 주로 이빈에서가까운 대도시인 청두에서 출발한다. 관광객이 많은 콴자이샹쯔나 진리에 가면 단체여행 모객을 위한 전단지를 나누어주는데, 나는 전단지를 여러 장 받아와 꼼꼼히 비교해 본 후 그중 한 곳에 연락했다.

중국에서 꽤 오래 살았지만 주로 혼자 자유롭게 여행하는 것을 즐겼기 때문에, 하루짜리 투어가 아닌 중국인 대상의 단체여행에 참가하는 것은 이번이 처음이었다. 혹시 외국인이라는 점 때문에 거부당하지는 않을까 걱정했는데, 위챗페이로 경비를 입금하고 나니 별문제 없이 집합 장소와 시간이 문자로 왔다. 나는 이른 새벽 가방에 여분의 옷과 세면도구, 비상식량 약간을 챙겨 넣고 시내의 집합 장소로 향했다.

집합 장소에는 아마 나와 1박 2일의 여정을 함께할 예정인 듯한 중국인들이 여럿 있었다. 나는 조용히 그들 사이에 섞여 들었다. 사실 나는 사교성이 좋지 않은 편으로, 청두를 여행하는 내내 좀 무리를 하고 있었다. 사람들과 잘 지내는 성격이라면 단체여행에서도 친구를 사귀고 오래 연락하고 한다지만, 나에게 그런 에너지가 없다는 걸 알고 있었기에 여행 내내 있는 듯 없는 듯 지낼 작정이었다. 그러나 그 계획은 곧 무너지고 말았다. 관광버스에 올라탄 후, 샤오왕이라고 자신을 소개한 가이드가 나를 가리키며 이렇게 말했기 때문이었다.

"자, 우리 버스에는 외국인도 타고 있어요! 무려 한국에서 온 친구예요!"

버스 안에 타고 있던 모든 이의 시선이 나에게 쏠렸고, 나는 당황하여 미소 지었다. 일어나 인사라도 해야 하는 것일까 고민하고 있노라니, 샤오왕이 다시 한 번 큰 소리로 외쳤다.

"모두 중국의 명예를 걸고 한국인에게 잘해줍시다!"

중국의 명예를 걸고! 나는 졸지에 중국의 명예의 증거가 되어버렸고, 1박 2일 동안 있는 듯 없는 듯 지내려던 계획을 포기할 수밖에 없었다. 중국의 명예의 증거가 된 이상, 함께하는 모든 중국인들의 호의를 기꺼이 받아들여 그들의 체면을 세워주어야 하니까.

여담이지만 중국인들과 교류할 때, 가장 중요하게 여겨야 할 것이 바로 중국에서는 멘쯔面子라고 부르는 체면이다. 물론 사람에 따라 다르겠지만, 대부분의 중국인들에게 있어 체면은 곧 자존심과 직결된다. 중국에 처음 갔을 무렵, 나는 중국인들의 체면 문화를 이해하지 못해 실수도 꽤 많이 했다. 예를 들자면 중국 지인에게 식사 초대를 받았을 때 지인이 너무 많은 양의 음식을 시키는 것을 한사코 막으려 한 적이 있었다. 나중에 그 지인과 좀 더 친밀한 관계가 되자 인원수에 맞는 양의 음식만 주문하는 것을 보고 '지난 번에 내가 지인이 체면을 세우려는데 훼방을 놓은 셈이었구나'라는 사실을 깨달을 수 있었다.

중국인들이 자신의 체면을 세우기 위한 행동을 할 때, 그것을 말리거나 받아들이지 않는 것은 그들의 자존심을 상하게 만든다. 그것은 바로 당신에게 그 정도의 행동을 할 여유가 있다고 생각하지 않는다고 조소하는 것이나 마찬가지이기 때문이다. 또한 중국인이 나에게 부탁을 해올 때, 그냥 부탁이라면 거절해도 체면을 세워달라는 부탁이면 가능한 한 들어주는 편이 좋다. 분명 중국인은 고마워하며 언젠가 꼭 신세를 갚으려 할 것이다.

아무튼 중국인이 호의를 보일 때면, 거절하지 않고 받아들이는 것이 오히려 그들의 체면을 생각해주는 것이라는 사실을 알기 때문에 나는 작은 호의 정도는 기꺼이 받아들이려고 하는 편이다. 나는 그렇게 중국의 명예의 증거가 되어, 1박 2일 동안 중국인들의 호의를 받아들여야 한다는 의무감을 마음에 품고 이빈으로 떠나게 되었다.

죽해, 대나무의 바다

이빈에 도착했을 때 가장 먼저 본 것은 거대한 강이었다. 정오의 햇살이 강물에 떨어지는 것을 눈부시게 바라보고 있노라니, 샤오왕의 명랑한 목소리가 들렸다.

"이빈은 만리장강 제1성이라고 불리죠. 장강의 원류는 더 멀리까지 가지만, 장강의 시작은 민강岷江과 금사강金沙江이 합쳐지는 이빈으로 보거든요. 여러분 옆으로 보이는 저 강이 바로 장강의 시작이에요!"

버스는 장강을 지나 대나무 숲으로 달리기 시작했다. 이제 와서 고백하자면, 사실 나는 이빈이 어떤 곳인지 수난주하이가 어떤 곳인지 전혀 알지 못하는 상태로 버스에 탑승해 있었다. 그저 넓은 대나무 숲이 있겠지 하는 마음 정도였다. '무엇을 상상하건 그 이상을 보게 되는' 중국의 스케일을 알면서도, 정말 별 생각 없었던 것이다.

잠시 후 버스가 멈췄고, 한 시간 정도 왕유구忘忧谷(망우곡)라는 이름의 대나무 숲을 산책했다. 근심을 잊는 계곡이라니, 그 이름대로 정말이지 마음의 모든 시름을 잊을 수 있을 것 같은 대숲이었다. 그 풍경만으로도 나는 이미 황홀했는데 버스로 돌아오자 샤오왕이 명랑하게 말했다.

근심을 잊게 해준다는 왕유구의 산책로.

"지금 본 것은 전초전에 불과해요. 앞으로 볼 것들을 기대하고 계세요."

충분히 아름다운 풍경을 보았다는 생각에 '에이, 설마……' 했으나, 곧 샤오왕의 말이 옳았다는 것을 깨닫게 되었다.

다시 말하지만, 죽해는 대나무의 바다라는 뜻이다. 페이추이장랑翡翠长廊(비취장랑)에 가기 위해 케이블카에 올라타자, 발 아래로 초록빛 대나무의 바다가 펼쳐져 있었다. 끝이라고는 없어 보이는, 그야말로 망망대해라는 단어의 의미를 깨닫게 되는 대나무의 바다. 케이블카 위에서 찍은 사진이나 필설로는 도저히 그 넓이를, 그 스케일을 납득시킬 수 없다. 그저, 넓다. 넓고 또 넓다. 케이블카 아래로 온통 초록빛이었고, 그 풍경이 20분 내내 펼쳐졌다. 그렇게 푸른 대나무로 이루어진 바다를 보고 있노라니 아무 생각도 들지 않았다. 우주인이 되어 하늘 높이 올라가 별들을 보면 이런 느낌일까? 마침내 20분에 걸친 바다 관람이 끝나고 케이블카에서 내렸을 때, 샤오왕이 기다리고 있다가 손짓했다.

"저쪽으로 가면 페이추이장랑이 있어요. 그쪽에 가서 기다리고 계세요."

페이추이장랑은 죽해에서 가장 유명한 장소 중 하나로, 비취빛 대나무가 길 양옆으로 펼쳐진 긴 회랑 같은 길이라 그런 이름이 붙었다. 유명한 만큼 사람도 많아서 고요함을 즐기기는 어려웠지만, 방금 전까지 본 대나무 바다의 초록빛보다 한 톤 옅은 비취빛이 아름다워 넋을 잃고 바라보았다. 그때, 같은 버스를 타고 온 중국 아주머니가 오시더니 말을 걸었다.

"이 대나무들은 아직 아기들이야."

"아기라고요?"

케이블카 아래로 펼쳐진 대나무의 바다.

"사실 죽해는 여름에 오면 좋아. 여름에 오면 이 대나무들이 더 길게 자라 하늘을 가리거든. 이 길도 온통 비취빛으로 가득 차게 되지."

"상상만으로도 아름답네요."

정말이지 상상만으로도 몸이 오싹하도록 좋았다. 하늘마저도 비취빛으로 물든 대나무 회랑을 상상하는 내 표정을 보더니, 아주머니가 웃으며 말씀하셨다.

"다음에 기회가 되면 한여름에 와봐. 그때는 이런 패키지 말고, 꼭 차를 빌려 와. 한여름 밤중에 이 장랑에 오면, 대나무가 자라는 소리를 들을 수 있을 거야."

"대나무가 자라는 소리라고요? 그건 대체 어떤 소리죠?"

"그야 직접 들어봐야만 알 수 있는 소리지."

우리는 다시 버스를 타고 이동한 후 안개 낀 대숲을 계속 걸었다. 한참을 계단을 내려간 후 다시 올라오는 코스였는데, 계단을 내려가면서 나는 경사를 가늠해보고 벌써 올라갈 일을 걱정하고 있었다. 그러나 아래로 내려가 풍경을 보는 순간, 걱정이고 뭐고 아무 생각이 없어졌다. 안개 낀 절벽에 무성한 대나무들이라니. 그런 풍경을 보았는데 조금 힘겹게 올라간들 무슨 문제일까. 게다가 올라가면 저녁 식사가 기다리고 있는데!

하지만 패키지이니만큼 식사의 질이 높을 거라고 기대한 것은 아니다. 베이징에서 유학하던 시절 학생식당에서 먹던 음식 정도만 나와도 행운이라 생각하던 참이었다. 그러나 준비된 저녁 식사를 보는 순간, 나는 눈을 휘둥그레 뜰 수밖에 없었다. 샤오왕은 우리가 먹은 저녁을 '판다의 연회'라고 했다. 판다는 대나무를 먹는다. 판다의 연회라면 당연

대나무와 관련한 식재료만을 이용해 차린 '판다의 연회'. 패키지여행이라 음식에는 별 기대가 없었는데, 상당히 정성 들인 요리가 나왔다. 특히 다른 곳에서는 먹기 힘든 여러 식재료를 먹어볼 수 있어서 좋았다.

히 대나무를 먹는 연회일 수밖에. 저녁 식탁에 차려진 모든 음식은 대나무와 관련된 음식들이었다. 샤오왕이 빠르게 요리를 설명해주었는데, 대나무와 관련된 식재료라면 죽순이나 댓잎에 싼 떡, 죽통에 찌는 밥 정도만 생각하던 나에게는 놀라운 경험이었다. 말라 죽은 대나무 뿌리 부분에 기생해 자라는 버섯이라는 죽손竹蓀(새하얀 빛깔에 걸맞게 눈치마를 입은 선녀라는 별칭도 갖고 있다), 역시 대나무 근처에서만 자라는 달걀 모양의 버섯인 죽손단竹蓀蛋, 제비집처럼 생겨 죽연와竹燕窩라 불리는 버섯, 정말 다채로운 식재료를 이용한 요리들이 화려하게 펼쳐져 있었다. 그중에서도 내 눈을 가장 끌었던 것은 대나무 속에서 자란다는 벌레인 죽충竹虫이었다. 나는 그때까지 벌레 요리는 먹어본 적이 없었기 때문에 입을 대기가 조금 고민스러웠다.

"저 벌레, 맛있어요?"

내 호기심 어린 질문에 옆자리의 아주머니가 웃으며 기름진 닭고기 맛이 나는데 바삭하다고 말해주었다. 대나무 속에서 자라는 죽충은 대나무 꼭대기에서 시작해 부드러운 죽순을 먹으며 아래로 내려온다. 원래 좁쌀만 한 크기인데, 대나무 뿌리 부분에 도착할 때가 되면 성인의 손가락 크기만 하게 자라 있고 몸집도 제법 토실해진다. 그때가 제일 맛있을 때라나.

'아주 맛있다'는 말에 나는 결심을 하고 젓가락을 들었다. 그러나 젓가락을 들었을 때는 이미 접시 위의 죽충이 모두 사라져 버린 다음이었다. 아니, 분명 사람 수에 맞춰서 나왔을 텐데, 누가 내 것까지 먹은 거지? 억울한 표정으로 사람들을 둘러보았지만 범인은 찾을 길이 없었다. 그렇게 인류의 미래 식량을 맛볼 기회는 날아갔고, 나는 앞으로는 고민스러운 음식이 나오면 일단 입에 물고 고민하기로 마음먹었다.

대나무 숲에서 중국 명주를 맛보다

이빈은 대나무의 고장일 뿐 아니라 술의 고장이기도 하다. 이빈에서 가장 유명한 술은 우량예五粮液로, 다섯 종류의 곡식으로 담그는 술이라 그런 이름이 붙었다고 한다. 이틀날의 일정 중 내가 가장 기대한 일정도 술을 맛보러 가는 일정이었다.

수난주하이에는 거대한 호수가 하나 있다. 바다처럼 넓은 호수인데, 대나무의 바다 가운데 있는 또 하나의 바다라

안개가 자욱한 하이중하이. 내 옆에서 노를 젓던 중국 아주머니는 자신이 좋아하는 드라마가 바로 이런 안개 낀 호수에서 주인공이 배를 저어오는 장면으로 시작한다며 감동한 표정을 지으셨다. 우리 뒤에서 노를 젓던 사람들이 그만 말하고 노를 저으라고 하자, 아주머니는 '우리 외국 친구에게 위대한 중국 문화를 전파하고 있는 중인데 그깟 노가 문제냐!'라고 대답했고, 모두 함께 웃고 말았다.

해서 하이중하이海中海라고 부른다. 대나무 숲으로 둘러싸인 너른 호수의 모습은 그야말로 저절로 탄성이 나올 정도로 장관인데, 영화 〈와호장룡〉과 〈십면매복〉을 바로 이 호수에서 찍었다고 한다.

우리가 하이중하이에 도착했을 때는 호수에 안개가 자욱했다. 그야말로 한 치 앞도 보이지 않을 정도로 자욱한 안개였다. 호수에 뗏목을 띄우고, 샤오왕은 눈대중으로 우리의 몸무게를 재어 뗏목이 균형을 잡도록 앉혔다. 그리고 우리에게 노를 하나씩 쥐어주었다.

"이곳은 술을 만드는 중요한 수원이기 때문에 환경을 보호해야 해요. 그러니 직접 노를 저어야 한답니다."

처음에는 웃으며 시작했지만, 뗏목에 탄 우리 모두 곧 노를 젓는 것이 생각보다 쉽지 않다는 것을 깨닫게 되었다. 특히 8명이 탄 뗏목이라면 그렇다. 누군가는 열심히 젓고, 누군가는 잠시 쉰다. 쉬던 사람이 다시 움직이기 시작하면 열심히 젓던 사람이 힘이 빠져 쉰다. 뗏목은 앞으로 가지 않고 자꾸 양옆으로 빙글 돌았다. 그래도 다들 노력한 끝에 목적지인 대나무로 만든 집에 도착할 수 있었다. 우리는 뗏목을 얌전히 정박해두고 들어가 술을 시음했다.

처음에 받은 술잔을 홀짝 마셔버리는 나를 본 아주머니 한 분이 나에게 술의 향을 맡는 법, 술의 향을 입안에서 음미하는 법, 그리고 목 뒤로 향을 넘기는 법까지 자세히 설명해주었다. 아주머니의 설명대로 다시 술을 한 모금 마셔보니, 확실히 그냥 마실 때와는 향이 달랐다. 술 몇 모금의 힘을 빌리자 우리는 점점 더 말이 많아졌다.

노를 젓는 노동을 끝낸 후 술을 시음할 수 있는 대나무 집으로 들어가는 사람들.

대숲 곳곳에 술을 담근 독이 놓여 있다.

이빈을 여행하는 1박 2일 동안, 함께 여행하던 중국인들
은 정말로 중국의 명예를 걸고 나에게 가능한 한 모든 호
의를 베풀었다. 길에 오이를 파는 사람이 있으면 하나 사서
껍질을 벗겨 목을 축이라며 건네준다든가, 식사 때 내 접시
에 제일 먼저 요리를 덜어준다든가, 미끄러운 산길에서 내

손을 잡아준다든가 하는 식으로 말이다. 나는 생글생글 웃으며 그 호의들을 받아들였고, 조용히 여행하려던 계획을 버리고 여유가 될 때마다 이런저런 대화를 나눴다.

그리고 그 결과, 1박 2일의 여행이 끝날 무렵 내 위챗 친구 목록에는 새로운 이름이 여럿 추가되었다. 여행하는 내내 아름다운 풍경을 보며 함께 감탄을 내뱉고 서로 사진을 찍어주던 사람들은 언제라도 자신이 사는 곳에 놀러 오면 연락하라고 신신당부했다. 청두에서 우연히 두 번 탔던 택시의 인연이, 이렇게 중국 각지에서 이빈으로 여행 온 사람들에게로 확장되는 것은 몹시 즐거운 경험이었다.

그리고 문득 신기하다는 생각이 들었다. 나는 분명 사교성이 좋은 편도 아니고, 누군가와의 인연을 핑계로 일정을 바꾸는 사람도 아니었다. 조금 고생하더라도 단체여행보다는 어떻게든 혼자 여행하는 성격이고, 피치 못할 사정으로 단체여행을 한다 해도 이렇게 주변 사람들과 편하게 이야기를 나누고 연락처를 주고받는 사람은 아니다. 그런데 청두에 도착한 후 나는 계속 나 자신의 틀을 깨고 행동하고 있었다.

내가, 아주 많이 변하고 있었다.

중국의 패키지여행

패키지여행에 거부감이 없고 중국어로 어느 정도 의사소통이 가능하다면 중국인과의 패키지여행에 도전해보는 것도 재미있을 것이다. 내가 간 이빈 패키지 외에도, 당일치기로 청두 근교에 다녀오는 패키지가 꽤 많다. 가격대도 저렴할 뿐 아니라, 본인의 노력 여하에 따라 중국 각지에서 온 중국인들을 사귈 수도 있다.(단 패키지여행의 특성상 비교적 연령대 있는 여행자들이 많다)

패키지여행에 참여할 경우 사람마다 패키지에 지불한 가격이 다른 경우가 있었다. 아마 어느 루트로 신청했는지에 따라 조금씩 달라지는 것 같았는데, 큰 차이는 나지 않으니 신경 쓰지 않는 편이 낫다. 나 같은 경우 1박 2일 여행에 방을 혼자 쓰는 추가 요금까지 합해 600위안 좀 넘게 냈다. 수난주하이는 거대한 삼림공원인데, 보통 그 안에 있는 호텔에서 1박을 하게 된다. 산속에 있는 호텔이다 보니 시설이 좋은 편은 아니기 때문에 더운 물이 나오지 않을 수도 있다. 하룻밤 정도는 불편하게 보낼 각오를 하고 가자.

패키지여행의 경우 보통 10인 기준으로 끼니마다 요리 8가지와 탕하나가 나오는 것이 일반적이다. 평소보다 움직임이 많아 배가 고픈 상태에서 예의를 차려 먹거나, 혹은 입맛에 안 맞는 음식을 먹지 않거나 하면 조금 부족하게 느껴질 수 있으니 비상식량을 준비하는 것도 좋다. 또한 카페 등에 들를 수 없으니 카페인 음료가 필요한 경우에도 적절히 준비해두자.

여담이지만 패키지여행의 경우 쇼핑 시간이 있다. 그러나 내가 간 여행의 경우 쇼핑을 강요하는 분위기는 없었다. 중국인들이 이용하는 패키지여행을 갈 경우 대부분 보험이 여행비 안에 포함되어 있으나, 간혹 포함되어 있지 않거나 보상이 적은 경우도 있으니 한국에서 미리 여행자보험을 들고 가는 것을 추천한다.

청두에서 갈 만한 패키지 여행지

수난주하이 외에도 청두에서 출발하는 패키지 여행지 중 시도해볼 만한 곳이 많다. 청두를 베이스캠프 삼아 다녀올 만한 곳을 몇 곳 소개한다.

주자이거우九寨沟

한때 청두가 주자이거우에 가기 전 공항을 이용하는 도시로 인식되던 시절도 있었을 만큼 주자이거우는 청두에서 갈 수 있는 여행지 중 가장 아름다운 풍광을 자랑한다. 주자이거우는 티베트 고원에서 쓰촨분지에 이르는 산악지대로, 폭포와 호수, 계곡 등이 어우러져 선경을 연출한다. 특히 절대로 녹지 않는다는 만년설에, 판타지 세계에나 존재할 법한 신비한 빛깔의 호수 우차이츠五彩池가 절경을 이룬다.

고산지대라 부담스럽기는 하지만 나도 꼭 가보고 싶었던 곳이었다. 그러나 안타깝게도 내가 청두를 여행하던 시기에는 지진의 여파로 인해 외국인의 주자이거우 여행이 금지된 상태였다. 지금은 외국인도 여행 가능하다고 한다. 청두에서 출발하는 중국인 대상 패키지의 경우 보통 황룽黃龍과 함께 가며 3, 4일 정도의 기간에 1,000위안에서 1,500위안 정도의 비용을 받는다. 가을이 가장 아름답다고 한다.

창장싼샤長江三峽

우리가 장강삼협이라 부르는 바로 그곳이다. 청두에서는 보통 충칭으로 이동, 유람선을 타고 장강을 유람하게 된다. 경치가 좋은 곳이나 유적지에 도착하면 배에서 내려 관광하기도 하며 이창宜昌까지 간다. 물론 반대로 이창에서 충칭으로 거슬러 올라갈 수도 있다. 충칭에서 이창으로 가는 경우는 보통 3박 4일이 걸리고, 이창에서 충칭으로 가는 경우는 4박 5일은 잡아야 한다.

충칭에서 이창으로 가는지, 혹은 이창에서 충칭으로 가는지에 따라서도 가격이 달라지고, 유람선에서 어떤 방을 택하는지, 식사와 관광 비용이 포함되어 있는지에 따라서도 가격이 달라진다. 보통 창문이 있는 2인 1실을 쓸 경우 2,000위안 미만에서 시작하고, 발코니가 있거나 내부 인테리어에 신경을 쓴 방은 우리 돈 백만 원 선까지 올라간다.

다오청稻城과 야딩亚丁

 다오청과 야딩은 청두에서 800킬로미터 떨어진 간쯔 장족자치주 남부에 위치한 곳으로, 중국에서 동티베트라 부르는 지역의 일부다. 사실 이 지역 여행은 패키지라기보다는 투어와 트래킹을 결합한 형태에 가깝다. 4,000미터가 넘는 고산지대를 가게 되므로, 보통 일주일에서 열흘 이상의 일정을 잡고 천천히 차로 이동하는 경우가 대부분이다. 패키지처럼 수십 명이 가는 경우보다는 10명 정도의 소규모 인원으로 움직이는 경우도 많다.

티베트 고원의 빙하와 아름다운 풍경, 그리고 티베트 문화를 즐기는 것이 포인트다. 다만 아직 개발이 덜 된 곳을 가는 것이기 때문에 식사와 잠자리가 불편한 것을 감수해야 한다. 고산병 위험도 있으니 본인의 건강 상태도 고려해야 한다. 봄과 가을이 여행의 최적기라 한다.

청두 인근의 구전古镇들

구전은 보통 옛 건축물들이 남아 있는 오래된 마을을 가리킨다. 중국 각지에는 역사와 전설이 혼재된 옛 마을들이 많고, 이런 마을들에 가서 하룻밤 자고 오는 여행 상품이나 근처의 다른 여행지와 결합한 상품도 많다.

구전은 시간여행을 즐길 수 있는 곳이다. 단순히 옛 마을을 구경하기보다는 그 분위기에 흠뻑 빠져 옛 시대의 사람이 되어보는 재미가 있다. 청두에서 사귄 친구는 매년 봄마다 지인들과 전통 복식을 입고 청두 근교의 구전에서 모여 다회를 열며 그 분위기에 흠뻑 빠진다고 한다.

뤄다이구전洛带古镇

중국 서부 지역 커자客家(객가)인들의 문화를 살펴볼 수 있는 구전이다. 커자인들은 한족의 일파로 원래 황하 북부에 거주하다가 광둥, 푸젠, 광시, 장시 등의 산간 지역으로 이주하게 된 이들을 가리킨다. 쓰촨에는 200만 명 정도의 커자

인들이 살고 있는데, 이 중 5만 명 정도가 뤄다이구전에 거주 중이다. 뤄다이구전의 역사는 삼국시대 촉한으로 거슬러 올라간다고 하나, 현재 거주하는 이들은 청나라 때 쓰촨으로 이주한 커자인들의 후예인 듯하다.

황룽시구전黄龙溪古镇

무려 1700여 년의 역사를 지닌 황룽시구전에는 명청 시대의 건축물들이 예스러운 분위기를 한껏 자아낸다. 물가의 찻집에 앉아 차를 마시며 옆 탁자의 마작판을 구경하는 재미도 쏠쏠하다.

안런구전安仁古镇

청나라 말기에서 민국 초기까지의 건물들이 남아 있는 구전. 특히 민국 시기의 분위기에 맞춰 거리를 조성해두기도 했으니 민국 시기 특유의 분위기에 젖어들고 싶다면 안런구전을 추천한다. 민국 시기에 입던 치파오나 학생복 등을 입고 놀러온 중국 젊은이들도 만날 수 있다. 안런구전에는 대지주였던 류문채의 장원이 남아 있는데, 중국에 남아 있는 봉건지주의 장원들 중 가장 완벽한 상태라고 한다.

위안퉁구전元通古镇

 청두 근교의 구전 중 가장 덜 상업화된 구전이다. 다른 구전들에 비해 특별히 내세울 특색은 없어 보이지만, 다른 어떤 구전보다 사람 냄새가 난다. 물가를 걷다 보면 대나무를 엮어 광주리를 만드는 할머니와 눈을 맞추게 되고, 여행객은 어느새 현대판 〈청명상하도清明上河圖〉의 세계로 빠져들게 될 것이다.

핑러구전平乐古镇

 서한 시기부터 내려오는 곳으로, '차마고도의 첫 번째 마을, 남 실크로드의 첫 번째 역참'으로 유명하다. 서른세 곳에 달하는 거리 모두 명청 시대의 옛 건축물을 잘 보존하고 있다. 탁문군이 사마상여와 사랑에 빠져 도망친 부두부터 시작해서 곳곳에 옛이야기가 남아 있는 구전이다. 그만큼 유명하고 관광객도 많다.

5장

청두의 촨메이쯔를
만나다

1955년, '구이저우민주부녀연합회'에서 발간한 간행물에 〈협동조합 내에서 남녀 동일 임금을 실행하라〉라는 글이 실렸다. 이 글을 읽은 마오쩌둥은 각 협동조합에 공문을 보내 글에 나온 대로 행할 것을 지시했고, 얼마 지나지 않아 다시 '여성은 하늘의 반을 떠받칠 수 있다妇女能顶半边天'라는 구호를 제창했다. 그 후로 하늘의 절반이라는 의미의 반벤톈半边天은 현대 여성, 혹은 여성의 영향력을 가리키는 말이 되었다.

그런데 중국의 하늘 절반을 정말로 여성이 떠받들고 있는 걸까. 정말로 중국 여성은 자신들이 속한 세상의 절반을 차지하고 있을까. 중국에서 꽤 오래 살았지만 여전히 대답할 수 없는 문제다. 어쨌든 나는 이 반벤톈이라는 말을 참 좋아한다. 세상의 절반을 차지하기 위해 노력하는 여성들의 모습이 담긴 말이기 때문이다.

여행을 다닐 때면 의식적으로 그 지역 여성들의 삶을 들여다보기 위해 노력한다. 여성의 삶을 들여다보지 않는다면 나는 그 지역을 절반밖에 이해하려 들지 않는 것이라 생각해서다. 청두를 여행하는 동안에도 마찬가지였다. 사람들이 모여 도읍을 이룬 청두에 모였던 이들의 절반은 여자들이었고, 청두 곳곳에는 그 여자들의 발자취가 남아 있었다. 짧은 일정이지만, 최대한 많은 여성들을 만나 이야기를 듣고 싶었다. 그것이 바로 온전히 청두를 이해할 수 있는 길이라 생각했기 때문에다.

화예부인 이야기

당나라가 멸망한 후 송나라가 중원을 통일하기까지 70여 년에 걸친 시기를 중국에서는 5대 10국五代十國 시기라고 부른다. 당시 중원의 중심이라 할 만한 화북에 세워진 다섯 나라와 중심에서 비켜난 변방의 열 나라를 합쳐 부르는 말이다. 청두에 세워진 후촉은 10국에 속하는 나라였다.

중원에서는 연일 전쟁의 불길이 올라가고 있었지만, 험난한 산세에 둘러싸인 후촉은 평화롭기만 했다. 황궁에서는 매일같이 화려한 연회가 펼쳐졌고, 달이 아름다운 밤이면 후촉의 마지막 황제가 사랑하는 여인과 함께 나란히 앉아 시를 주고받았다.

화예花蕊, 바로 후촉의 마지막 황제 맹창孟昶이 그 여인을 부르던 이름이다. 화예는 중국어로 '꽃술'이라는 의미다. 이름으로 미루어 보건대 화예부인은 미인들로 가득 찬 후촉 황궁에서도 눈에 띄는 미모였을 것이다. 중국인들은 청두를 부용성芙蓉城이라고 부르기도 하는데, 바로 맹창이 부용화를 좋아하는 화예부인을 위해 새로 지은 성 주위 사십 리를 부용화로 가득 채운 일화에서 비롯된 것이다.

"화예부인이 얼마나 아름다웠으면 맹창이 그렇게까지 했겠어."

사람들은 청두를 부용성이라고 부를 때면 화예부인의 미모에 대한 이야기를 언급하곤 한다. 그러나 화예부인에 관해 전해져 내려오는 이야기를 보면, 화예부인이 단순히 미모만으로 제왕의 사랑을 받은 것 같지는 않다.

한번은 사치가 극에 달한 맹창이 어떤 산해진미를 보아도 입맛이 돌지 않는다며 젓가락을 들지 않았다. 화예부인은 양의 머릿고기를 붉은 생강과 함께 끓이고, 다시 고기를 단단히 감싸 술에 담가두었다. 그다음 술 향기가 고기 뼛속까지 스며들기를 기다린 후 고기를 종잇장처럼 얇게 썰었는데, 그 풍미가 대단하여 맹창이 결국 젓가락을 들고 말았다.

맹창은 매달 초하루에 채식을 하게 되어 있었다. 화예부인은 맹창이 유난히 좋아하던 마를 편으로 썰어 연근 가루와 버무리고 각종 향신료를 더해서 맹창에게 가져갔다. 음식에서 풍기는 향도 향이지만, 입안에 한 젓가락 넣었을 때 그 바삭하게 부서지는 식감이 참 좋았다. 새하얀 마는 마치 달을 보는 것처럼 아름다워, 맹창은 한참을 홀린 듯이 바라보았다.

화예부인은 타인의 기호를 섬세하게 배려하는 사람이었고, 귀비라는 신분에도 불구하고 애정을 담아 음식을 준비하는 사람이었다. 사람의 마음과 마음은 연결되기 마련, 맹창도 그런 화예부인을 진심으로 사랑하지 않을 수 없었을 것이다.

그러나 그런 나날은 오래 가지 않았다. 송나라의 태조 조광윤은 휘하의 충무절도사 왕전빈에게 명해 후촉을 공격하게 했다. 왕전빈이 이끄는 군대는 6만에 불과했지만 후촉의 14만 군대는 그야말로 화살 한 번 제대로 쏘아보지 못하고 패배하고 말았다. 맹창은 포로가 되어 송의 수도 변량으로 끌려가게 되었고, 화예부인 역시 맹창을 따라갔다.

그런데 변량에 도착한 맹창은 뜻밖에 진국공이 되었다. 일설에 따르면 조광윤이 화예부인의 미모를 한 번 보고 싶은 마음에 맹창을 후대하였다고도 한다. 예의를 생각하면 아무리 포로라 해도 다른 이의 부인 얼굴을 보자 할 수 없으니, 맹창에게 상을 내리며 그 가솔들까지 모두 입궁하게 하는 꾀를 낸 것이라는 이야기다. 그러나 아마 이 이야기는 후대 사람들이 꾸며낸 것일 테다. 조광윤은 포로가 된 후촉의 옛 황제를 융숭하게 대접함으로써 너그러움을 과시하려 했을 가능성이 높다.

그러나 맹창이 가솔들을 이끌고 조광윤 앞에 나섰을 때, 조광윤은 화예부인에게서 눈을 뗄 수 없었다. 이레 후 맹창은 급병으로 사망하는데, 역사가들은 보통 맹창이 독살당했다고 추정하고 있다. 조광윤은 죽은 맹창을 초왕에 봉하고 닷새 동안 조회를 열지 않는 등 극진하게 예우했지만, 화예부인을 맹창의 장지인 낙양으로 보내주지는 않았다. 오히려 상중인 화예부인을 궁에 불러들여 연회에 참가하도록 했다.

사랑하던 남편이 죽은 후 상도 채 다 치르지 못하고 연회에 참석해야 했던 화예부인은 어떤 기분이었을까? 그리고 조광윤은 대체 화예부인의 어떤 부분이 그리 마음에 들었던 것일까? 조광윤은 화예부인이 시에 재능이 있다는 이야기를 듣고 시를 한 수 지으라 명했다. 화예부인은 주저하는 빛 없이 송의 황제 앞에서 다음과 같은 시를 읊었다.

군왕이 성 위에 항복 깃발 세웠다지만
첩은 깊은 궁에 있어 알 길이 없었네.
14만 모두 갑옷을 벗었다 하니
남아는 하나도 없었던 것인가.

조광윤은 송나라를 건국한 영웅이다. 화예부인의 기개 넘치는 시를 듣고도 화를 내지 않고, 오히려 자신에게 어울리는 여자라 여겼다. 화예부인은 결국 조광윤의 후궁이 되었다. 화예부인이 원한 바는 아니었을 것이다. 죽은 남편을 잊을 수가 없었던 화예부인은 직접 맹창의 초상을 그리고 남몰래 절을 하곤 했다. 꼬리가 길면 밟히는 법, 어느 날 일찍 조회를 마치고 돌아온 조광윤은 화예부인이 맹창의 초상에 절을 하는 장면을 목격하게 되었다. 화예부인은 다급

한 나머지 아이를 보내주는 신선인 장선의 초상으로, 조광윤의 아이를 얻고 싶어 절을 하고 있었노라 둘러댔다. 조광윤은 그 말을 듣고 매우 기뻐했지만, 그 이야기를 들은 백성들은 모두 안타까워하며 후에 화예부인을 아이를 보내주는 여신으로 모셨다고 한다.

조광윤의 후궁이 된 화예부인은 옛 남편의 초상에 절을 하는 것 외에 어떤 나날을 보냈을까? 아마 맹창에게 하던 것처럼 조광윤을 위해 요리를 하거나, 달밤에 다정하게 밀어를 속삭이지는 않았을 것이다. 어쩌면 살아도 산 것이 아닌 것 같은 상태로 살았는지도 모르겠다. 그러나 역사는 여자의 일상은 기록하지 않으니, 우리는 화예부인이 송나라 황궁에서 어떻게 살았는지 알 수 없다. 우리가 역사의 기록에서 읽어낼 수 있는 것은 여자의 죽음뿐이다.

송나라 때의 《문견근록闻见近录》이라는 책에 따르면, 어느 날 조광윤과 조광윤의 동생이자 후에 송 태종이 되는 조광의가 후원에서 활쏘기를 연습하고 있었다고 한다. 조광윤이 조광의에게 술을 내리자 조광의는 '화예부인이 나에게 꽃을 꺾어준다면 마시겠다'고 말했다. 조광윤은 화예부인에게 꽃을 꺾어올 것을 명했고, 화예부인은 몸을 일으켜 꽃을 꺾으러 갔다. 그때 갑자기 조광의가 활을 들더니 화예부인을 향해 화살을 쏘아 죽였다. 그리고 조광윤에게 미녀에게 현혹되어 나라를 망치지 말라고 호소했다.

조광의는 무엇 때문에 화예부인을 죽였을까. 조광의 역시 화예부인에게 애정을 품었으나 화예부인이 받아들여주지 않자 죽였다는 설도 있고, 화예부인이 조광윤의 총애를 믿고 정사에 관여했기 때문에 죽였다는 설도 있다. 화예부인은 망국의 한을 품고 있었고, 조광윤과 조광의 사이를 이간질하여 송나라를 망하게 하려 했기에 하는 수 없이 죽였다는 것이다.

조광윤은 기분이 좋지 않았지만 여자 하나 때문에 친동생을 탓할 수도 없어 술에 취해 저지른 일이라며 용서해주었다. 그리고 그렇게, 재능 넘치고 다정했던 화예부인은 역사 밖으로 퇴장하게 되었다. 꽃술이라는 뜻의 화예, 그 이름 하나만을 남기고. 사람들은 화예부인을 꽃술 같은 미모의 여인, 두 황제에게 사랑받은 여인으로 기억하게 되었다.

―――――― 미녀, 그리고 촨메이쯔

청두에 가기 전, 청두에 대한 이런저런 이야기를 정리하다가 화예부인의 이름을 발견하고 어쩐지 침울해지고 말았다. 화예부인, 문학적 재능이 훌륭했던 시인. 무엇보다도 고고하면서 기개가 있었던 여자. 사랑하는 사람을 세심하게 배려하고 끝까지 제 사랑에 대한 의리를 지키려 했던 사람. 화예부인과 관련된 각종 일화를 보노라면 화예부인이 어떤 사람인지 눈에 보이는 것만 같았다.

여자의 몸이기에 나라가 망할 때도 아무것도 할 수 없었다. 사랑하는 사람이 죽는 것도 그저 지켜볼 수밖에 없었다. 자신의 의지와 상관없이 정복자의 후궁이 되어야 했고, 바라던 것을 이루지 못하고 살해당했다. 그리고 그 무엇보다, 여자이기 때문에 그녀의 이 모든 서사는 단 하나의 단어로 수렴되었다. '미인'.

사람들은 화예부인과 관련된 모든 서사를 화예부인의 미모와 결부시키곤 한다. 꽃술에 비견될 만한 미모였으니 맹창이 그리 사랑했겠지. 조광윤도 그렇게 탐을 냈던 거겠지. 조광의가 왜 형의 후궁을 죽였겠어, 미녀가 마음을 받아주지 않으니 그랬겠지. 그러나 나는 그런 이야기를 들을 때면 어쩐지 내 일인 양 속상해지곤 한다. 화예부인은 그저 미인으로만 기억하기엔 참 다채로운 이야기를 지닌 인물이 아닌가. 천 년도 더 전에 살았던 여인이지만, 마치 어제까지 살아 있던 것처럼 생생한 사람. 그런 사람을 미인이라는 단어 하나에 가두는 것이 화예부인의 인생만큼이나 애달프게 느껴졌다.

쓰촨 여자를 부르는 단어로 '촨메이쯔川妹子'가 있다. 직역하면 그저 쓰촨 출신의 여자아이라는 의미지만, 보통 중국인들이 촨메이쯔라는 단어를 입에 올릴 때 떠올리는 것은 그저 쓰촨 여자가 아니라 미녀이다. 풍요로운 지역이 대체로 그렇듯 쓰촨, 그중에서도 청두는 예로부터 미녀가 많기로 유명하다. 작달막한 몸집에 촉촉한 피부, 나이보다 어려 보이는 얼굴. 쓰촨의 여자들이 방언을 섞어 말을 하면 마치 노랫소리처럼 들린다나. 중국인들은 쓰촨이라는 지명을 들으면 으레 맛있는 음식과 아름다운 풍경, 그리고 미녀들을 떠올린다. 그러다 보니 쓰촨 출신 여자를 뜻하는 촨메이쯔는 그대로 쓰촨 출신 미녀를 가리키는 말이 되었다.

청두에 가기 전부터 나는 촨메이쯔들에게 관심이 많았다. 그러나 중국인들이 이야기하는 아름다운 외모 때문이 아니라 반대의 이유에서였다. 화예부인뿐 아니라, 역사상 청두 출신 미녀로 유명한 여인들의 삶을 세세하게 살펴보면, 미모보다 다른 이유로 이름을 떨친 경우가 많다. 탁문군卓文君*은 그 아름다움이 아니라 사마상여司馬相如**에게 건넨 시 〈백두음白頭吟〉으로 유명해졌고, 설도薛濤●●● 역시 그 외모가 아니라 원진元稹●●●●에게 마음을 전하기 위해 썼던 시 〈춘망사春望詞〉로 이름을 떨쳤다. 생각해보면 당연한 일이다. 수많은 문인들과 예술가들을 키워낸 청두가 아닌가. 남자들만 재능을 타고났을 리 없다. 여자들도 같은 재능을 지니고 태어나, 아름다운 청두의 풍경 속에서 그 재능을 꽃피웠을 것이다.

그러나 우리는 그들의 재능을 칭찬하기에 앞서 그들을 미녀라는 단어 안에 가두곤 한다. 시를 읽으면서도 그 시인이 여성이라는 이유로 미모를 언급하고, 그림을 감상하면서도 화가가 여성이라는 이유로 그림만큼 아름다운 외모의 여인이었을 거라 상상한다. 그 재능이 재능만으로 빛나기

●   전한前漢 촉군蜀郡 임공臨邛(현재 쓰촨성 청두 츨라이 시)의 거상 탁왕손卓王孫의 딸로, 본명은 문후文后이다. 시문에 능했고, 북과 거문고를 잘 연주해 음률에도 정통했다.

●●   전한의 문인으로 7대 황제 무제의 총애를 받으며 많은 명작을 남겼다.

●●●   장안長安(현재 산시성 시안) 출신으로, 자는 홍도洪度이다. 아버지 설운이 강직한 성품으로 조정에서 서슴없이 직언하다 권세가들에 의해 촉으로 쫓겨났다 몇 년 뒤 전염병으로 세상을 떠나자 생활고를 이기지 못하고 이름을 악적樂籍(기생 명부)에 올린 후 관기가 되었다. 이후 문장으로 유명해진 설도는 90여 편의 시문을 남겼는데 후세 사람들이 당대 4대 여시인으로 그녀를 칭송했다.

●●●●   당대의 시인으로 뛰어난 재능과 식견으로 다양한 벼슬과 직책을 역임했다.

에는 부족하다는 듯, 그 여인들이 미녀였기에 재능이 빛난다는 듯, 혹은 그 여인들이 미녀가 아니었다면 재능도 없었을 거라는 듯.

찬메이쯔, 쓰촨 출신 여자들의 매력을 칭찬하는 듯한 이 단어가 어쩌면 수많은 여성들을 고정된 틀 안에 가두고 있을지도 모르겠다는 생각이 들었다. 훌륭한 시인이자 다정한 연인, 기개 있는 여자였던 화예부인의 삶을 미녀라는 단어 하나에 가두듯, 개개인의 다양한 삶을 찬메이쯔라는 단어에 가두고 있는 것은 아닐까.

중국 웹에서 찬메이쯔를 검색했을 때 나오는 수많은 글들, 찬메이쯔는 예쁜 만큼 얼굴값을 한다든가 찬메이쯔는 남자의 체면을 세워주지 않으니 사귀지 말라든가 하는 글들을 읽으면서 찬메이쯔라는 단어에 갇히지 않은 찬메이쯔들을 만나보고 싶다는 생각을 했다. 짧은 여행 기간이지만 다양한 표정을 가진 찬메이쯔들과 많은 이야기를 나누어보고 싶다는 소망을 품고, 나는 청두에 왔다.

여성의 문자, 뉘수를 배우다

그리하여 바람이 몹시도 기분 좋게 불던 4월의 어느 오후, 나는 청두 시내의 찻집에 앉아 차를 마시고 있었다. 내 앞에는 화선지와 붓, 벼루와 먹물 등이 놓여 있었다. 마음에 들어 그새 단골이 되어버린 찻집에서 '뉘수女書'를 배울 수 있다는 이야기를 들은 후, 수업을 신청하고 선생님을 기다리는 중이었다.

뉘수는 후난湖南의 장용江永 지방 여성들이 쓰던 표음문자다. 연구에 따르면 한나라 때부터 쓰인 글자라고 한다. 과거 글을 배우지 못한 여성들이 한자를 변형하여 비교적 배우기 쉬운 문자 체계를 만들어냈고, 전대미문의 '여성들만 쓰는 문자'인 뉘수가 생겨났다.

뉘수의 문자 전체는 2,000자 정도이고 실제로 자주 쓰이는 글자는 400~500자 정도라고 한다. 의외로 몇 글자 되지 않고 한자를 기본으로 만든 문자이니 조금 노력하면 익힐 수 있지 않을까 싶었는데, 자세히 들여다보니 보통 일이 아니었다.

뉘수는 후난 지방 방언을 기초로 만들어진 문자이기 때문에, 중국의 표준어인 보통화를 쓰는 나로서는 배우려면 품이 만만치 않게 들 수밖에 없었다. 예를 들자면, 보통화에서는 티베트 지역을 의미하는 시짱西藏(Xīzàng)의 짱藏(zàng), 장강을 의미하는 창장长江(Chángjiāng)의 장江(jiāng), 중국을 뜻하는 종궈中国(Zhōngguó)의 종中(zhōng)의 발음이 모두 다르지만, 장융 지방에서는 모두 똑같이 발음한다. 그렇기 때문에 장융 지방의 발음에 맞춰 쓰던 표음문자인 뉘수는 저 글자들을 모두 같은 글자로 쓴다. 즉, 뉘수를 익히기 위해서는 일단 장융 지방의 방언을 익혀야 하는 셈이다. 현재 뉘수의 전승인은 겨우 7명이라는데 그럴 만도 하다는 생각이 들었다.

찻집에서 뉘수를 배울 수 있는 시간은 고작 3시간, 여행 중에 시간을 더 내어 수업을 여러 번 듣는다 해도 뉘수의 기초도 떼기 어려울 것 같았다. 그래도 굳이 수업을 신청하고 선생님을 기다리고 있었던 이유는 하나였다. 진짜 촨메이쯔를 만나보고 싶어서였다. 물론 여행하는 내내 많은 촨메이쯔들을 만났지만, 관광객과 현지인으로서 일상적인 대화를 나눴을 뿐 깊은 대화를 나눌 수는 없었다. 여성들의 글인 뉘수를 익힌 사람이라면, 내가 원하는 대답을 줄 수도 있을 것 같다는 생각이 들었다.

말리화차를 마시고 있노라니 왕청 선생님이 도착했다.

흰 셔츠에 뉘수의 무늬를 염색한 푸른 스카프를 살짝 늘어뜨리고, 머리는 한 올도 빠짐없이 뒤로 묶어 올린 분이셨다. 중국 소설을 읽다 보면 '세속의 먼지 한 톨 묻지 않은 듯한'이라는 표현이 자주 나오는데, 선생님을 처음 본 순간 그 표현이 떠올랐다.

선생님은 환하게 웃으며 한국인이 뉘수를 배우려고 하는 것은 처음이라고 말씀하셨다. 나는 3시간 만에 뉘수를 배우는 것은 불가능하다는 것을 알고 있고, 뉘수에 관심이 있기 때문에 뉘수에 대한 이야기를 듣고 싶다고 이야기했다. 선생님은 잠시 생각하시더니 물으셨다.

"한국 여성의 지위는 어느 정도이지요?"

갑자기 말문이 막혔다. 뭐라 대답해야 할지 감이 잡히지 않아 머뭇거리고 있는데, 선생님이 중국 여성의 지위는 매우 낮다고 하며 말씀하셨다.

"그렇기 때문에 여성에게 있어 뉘수는 자존, 자립, 자강을 의미하는 거야."

선생님의 손을 잡고 화선지 위에 뉘수를 따라 써보았다. 사실 따라 썼다기보다는 따라 그렸다는 편이 맞겠다. 내가 쓰고 있던 글자는 '따뜻한 봄이 오니 꽃이 핀다'는 뜻이었다. 4월이었기에 그런 문구를 고르신 모양이었다. 그 단순한, 따뜻한 봄이 오니 꽃이 핀다는 글자를 두어 번 따라 그리노라니 갑자기 왈칵, 눈물이 쏟아질 것만 같았다. 과거의 여성들은 얼마나 글을 쓰고 싶었을까. 글로 남겨지지 못한 옛 여성들의 언어는 어떻게 사라졌을까. 따뜻한 봄이 왔다, 꽃이 핀다, 이 단순한 말조차 후세에 남길 방법이 없던 여성들의 언어는 정말 어디로 갔을까. 여성들은 자신의 언어를 남기고 싶은 욕망 앞에서 어떻게 몸부림쳤을까. 나는 고개를 끄덕이며 대답했다.

"자존, 자립, 자강을 위해서는 언어가 필요하니까요."

장융 지방의 여성들은 뉘수를 만들어냈고, 어머니가 딸에게, 할머니가 손녀에게 가르치는 방식으로 자신을 표현할 기회를 주었다. 현재 남아 있는 뉘수 작품은 다양한데, 경사를 앞두고 축하의 의미로 쓴 글도 있고, 죽은 지인을 추모하는 내용도 있으며, 여성들끼리 서로 교류하던 서신도 있고, 자신의 감정을 기록한 일기도 있다. 또한 노래 가사를 적은 뉘수 작품도 많이 남아 있는데, 연구에 따르면 여성들끼리 모여 일을 하며 노래를 부르고, 노래 가사를 함께 적었을 것이라고 한다.

글을 배울 수 없는 시대에 태어났지만, 스스로를 표현하기 위해 문자를 만들고 서로에게 전수한 옛 여성들을 생각

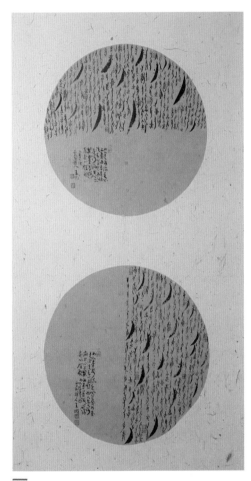

왕청 선생님의 뉘수 작품.

• 5장 청두의 촨메이쯔를 만나다

하니 울적하기도 하고 자랑스럽기도 했다. 선생님은 뉘수가 유일하게 특정 성별만 사용하던 문자 체계라고 몇 번이나 강조하셨고, 나는 과거 한글이 암글이라 불리던 이야기를 했다. 그리고 선생님과 나는 국적을 넘고 세대를 넘어 가부장제에서 태어나 자란 동아시아 여성으로서 서로를 이해할 수 있다는 눈빛을 주고받았다.

촉금 박물관에서 발견한 선기도

왕청 선생님은 뉘수의 전승인인 동시에 서예가였고 중국의 전통문화 애호가였다. 선생님은 한국에서 온 여자에게 청두 사람 특유의 호의를 잔뜩 베풀어주셨다. 작업실에 초대해 각종 뉘수 작품을 보여주며 차를 대접해주기도 하고, 나와 성향이 잘 맞을 만한 제자들도 소개해주셨다. 덕분에 나는 청두에 있는 동안 취향이 맞는 친구들과 함께 시간을 보내며 청두의 매력에 흠뻑 빠져들 수 있었다.

하루는 선생님 소개로 사귀게 된 중국 언니가 촉금 박물관에 가자고 했다. 두보초당에서 조금 떨어진 한적한 길, 골동품 가게가 여럿 있는 곳에 촉금 박물관이 있었다. 상업적인 시설에서 운영하는 곳이라 해서 별 기대 없이 들어갔으나, 나올 때는 이곳에 들러서 정말 다행이라는 생각이 들었다.

촉금, 즉 촉나라의 비단은 중국 4대 비단 중 하나인데, 비단을 짤 때 무늬를 직조해 넣는다. 즉, 이미 있는 천 위에 자수를 놓거나 해서 무늬를 만드는 것이 아니라 천을 짤 때부터 무늬를 생각해서 짠다. 보통 혼자서는 짤 수 없고, 두 사람 이상이 협력해서 짜야 하는데 한 번이라도 계산을 실수하면 무늬가 어긋나기 마련이다. 정교한 무늬를 직조한 비단을 볼 때면, 항상 옛이야기에 나오는 '비단을 잘 짜는 여인'이 가리키는 바가 현숙하거나 여성스럽다는 의미라기보다 수학적인 재능이 뛰어나고 머리가 좋다라는 의미일 거란 생각이 든다.

촉금 박물관에서는 청두 지역 비단의 역사와 비단을 짜는 법 등에 대한 설명뿐 아니라, 청나라의 복식들과 쓰촨 지역 민간 여성들이 짜낸 비단과 자수 작품들을 많이 전시하고 있다. 아름다운 물건을 좋아하는 사람이라면 그야말로 사랑에 빠질 만한 곳이다. 그리고 그 촉금 박물관에서 나는 비단으로 짜낸 '선기도'를 발견했다.

선기도는 위진남북조 시대에 살았던 소혜蘇蕙라는 여인

박물관 안에 있는 비단 직조틀. 올라가 있는 사람을 보면 알 수 있듯 아주 거대한
크기다. 보통 무늬를 넣은 비단을 짜기 위해서는 두 사람이 함께 협업해야 한다.

이 만든 '회문선도시廻文旋圖詩'에서 유래한 것으로, 글자들이 빽빽하게 적힌 그림이다. 본래 840자의 글자로 이루어져 있었는데, 후에 가운데에 마음 심心자를 하나 추가해서 841자가 되었다. 소혜는 3살 때부터 글자를 익히기 시작하여 5살에 시를 지었다. 16살이 되어 두도竇滔에게 시집을 갔는데, 두도는 다른 첩을 총애했다. 소혜는 그 사실을 용납하지 못했고, 두도가 외지로 떠나게 되었을 때 함께 가지 않겠다고 했다. 두도가 결국 다른 첩을 데리고 떠나자 소혜가 후회하며 비단에 수를 놓아 지은 시가 이 회문시다. 두도는 이 시를 보고 감동하여 결국 첩과 헤어지고 소혜와 처음과 같은 사이가 되었다고 한다.

소혜는 다섯 종류의 색실로 이 회문시를 수놓았지만, 지금은 그 다섯 색을 알 수 없고 후세 사람들은 보통 일곱 색으로 표현하게 되었다. 얼핏 보기에는 서로 의미 없는 글자들을 나열해놓은 것 같지만, 가로로 읽건 세로로 읽건 대각선으로 읽건, 순서대로 읽건 아니면 거꾸로 읽건, 모두 문장이 되고 시구가 된다. 무측천은 이 회문시-선기도를 무척 좋아하여, 이 선기도에 나오는 문장들을 조합한 시 이백여 수를 지었다. 그 후에 송대의 고승 기종起宗이 선기도를 분석하여 3,752수의 시를 지었고, 명대의 학자 강만민康万民

촉금 박물관에서 발견한 선기도.

은 선기도에서 5언, 6언, 7언시 4,206수를 뽑아냈다.

옛 규방 여인들은 선기도를 자수로 놓은 다음, 선기도에서 시를 뽑아내는 놀이를 즐겼다. 그러니까 여인들끼리 모여 대화를 나눌 때 이 선기도를 수놓은 비단을 가운데 두고 돌아가며 선기도에 적힌 글자들을 이용해 시를 읊으며 즐겼다는 이야기다. 그 와중에 시를 이용해 속에 담아둔 말을 은유적으로 표현하기도 했을 것이고, 남들이 표현하지 못하는 시구를 만들어내어 재주를 뽐내기도 했을 것이다.

이 선기도에 대해서는 중국 소설을 읽다가 알게 되었는데, 한 번 실제로 보고 싶다고 생각하고만 있었다. 그런데 촉금 박물관 구석에, 자수도 아닌 직조해낸 선기도가 있어서 깜짝 놀랐다. 일단 저것을 대체 어떻게 직조한 것일까 싶어 놀랍기도 했고, 쓰촨에도 그 훌륭한 재능을 그저 선기도를 직조한 비단 위에만 쏟아부었어야 했을 여인들이 있었겠구나 싶어 어쩐지 마음이 좀 스산하기도 했다. 예술적 재능을 지니고 태어났지만 그 재능으로 세상에 이름을 떨치지 못하고 놀이의 영역에만 머물렀어야 했을 그 수많은 여인들.

선기도를 본 다음, 넓지 않은 박물관을 다시 한 바퀴 돌았다. 내 주먹보다 조금 크다 싶은 전족한 여인을 위한 비단 신발을 보면서 또 한 번 마음이 아팠고, 정교한 무늬를 이룬 비단을 보면서는 그 비단을 짰던 여인의 재능에 다시 한 번 감탄했다. 그리고 그 여인들이 비단을 짜고 수를 놓으며 보냈던 시간을 떠올렸다. 뉘수로 적힌 글 중에 노랫말이 참 많다고 했던가. 여성들이 함께 모여 일을 하며 노래를 부르고, 그 노래 가사를 뉘수로 적어 서로 나누어 보았다고 했다. 촉금 박물관에서 내가 본 것은 단순히 비단이나 자수 작품이 아니라 그 여성들이 함께 보낸 시간이었던 것이다. 여성들끼리 여성만의 언어로 이야기하던 그 시간들 말이다.

챤메이쯔,
원하는 것을 위해 노력하는 사람들

왕청 선생님 덕분에 청두의 챤메이쯔들과 대화를 나눌 기회를 여러 번 얻을 수 있었다. 청두의 챤메이쯔들에게 처음으로 받은 인상은 몹시 씩씩하다는 것이었다. 중국 여성 특유의 활기에 청두 사람이 지닌 포용력, 그리고 챤메이쯔만의 자신감이 결합된 결과였다.

촉금 박물관을 관람하는 동안, 나는 수많은 여성들이 비단을 짜내고 수를 놓으며 인생을 보냈을 거라는 생각에 조금 안타까웠다. 그러나 함께 박물관을 보고 나온 언니와 박물관 건너편 카페에서 말리화 소다를 마시며 이야기를 나누던 중 조금 다른 관점의 이야기를 들을 수 있었다.

"여성이 비단을 짜느라 인생을 버렸다고 생각할 수 있지만, 농경 사회에서 비단과 자수가 있었기에 여성이 경제력을 얻을 수 있었기도 해. 내가 뉘수를 배우고 과거 여성들의 작품에 관심을 갖게 된 것은, 제약을 받으면서도 끊임없이 날아오르려던 여성들의 움직임에 감동받았기 때문이야."

그러고 보니 예전에 책에서 비슷한 내용을 읽은 기억이 났다. 중국에 시장 경제가 발전하면서 여성의 노동을 돈으로 바꿀 수 있게 되었고, 그 돈은 여성이 운신할 수 있는 공간을 크게 넓혔노라고. 여성들은 돈을 벌어 소풍도 갔고(여성들이 소풍을 가다니 나라가 곧 망할 징조라는 사대부의 시도 남아 있다고 한다), 맛있는 것을 사 먹으러 찻집에도 갔다. 시장 경제의 발전과 함께 중국 식단에서는 상대적으로 홀대받던 디저트가 발전하게 되는데, 이 역시 여성들의 취향에 맞춘 것이라고 했다.

과거의 여성들에게는 허락된 것이 많지 않았지만, 여성들은 그 한계를 극복하며 성장했다. 글자를 배울 기회가 없으면 글자를 만들었고, 서로에게 가르치며 자신들의 언어를 전하려 했다. 직조기와 자수틀 앞에 묶여 있어야 했을 때에도, 여성들은 아름다운 비단을 짜내어 결국은 운신의 폭을 넓혔다.

언니는 나에게 부녀절에 여성들이 함께 모여 행사를 벌인 사진을 보여주었다. 청두 근교 드넓은 차 밭에서 모두 함께 뉘수를 쓰며 교류하는 사진이었다. 언니의 사진들을 보고 있노라니 어쩐지 기분이 좋았다. 나는 비혼이고, 혼자 사는 것을 즐기는 사람이다. 그러나 나보다 연상인 비혼 여성을 만날 기회가 많지 않아 늘 외로웠다. 지금 내가 즐겁다 해도 10년 후에도 즐거우리라는 확신을 갖기 어렵기 때문이었다. 나에게 박물관 구경을 시켜주겠다고 기운차게 나온 언니가 보여주는 사진들은, 나도 10년 후에 언니처럼 기운차고 즐겁게 살고 있겠지라는 확신을 주었다. 그 기운 덕분에 나는 행복했다.

"챤메이쯔는 어떤 사람들인가요?"

내 질문 역시 챤메이쯔들을 한 단어에 가두는 것은 아닐까 저어하면서도, 나는 결국 이 질문을 하고 말았다. 언니는 잠시 고민하는 듯하더니 다음과 같이 답해주었다.

"원하는 것을 위해 노력하는 사람들?"

언니는 쓰촨 출신의 여성운동가 샤오메이리肖美丽에 대해서도 이야기해주었다. 샤오메이리는 스물네 살이 되던 해(2013) 144일에 걸쳐 2,200킬로미터를 도보로만 걸으며 성폭력 반대 운동을 벌인 운동가다. 베이징에서 광저우까지 걷는 동안, 지나가는 관공서마다 성폭력 방지 관련 건의서를 제출하고 길에서 마주치는 사람에게 서명을 받았다고 했다.

"자기가 원하는 것을 포기하지 않는 사람들?"

문득, 내가 아는 챤메이쯔들이 떠올랐다. 송나라를 세운 영웅 앞에서 14만 중에 남아는 하나도 없었던 것이냐고 탄

식한 화예부인, 자신의 사랑을 위해서라면 명예도 버릴 수 있었던 탁문군, 마음이 떠난 남자를 잡기 위해 시를 썼으나 결코 비굴하지 않았던, 우아한 자부심으로 가득 차 있던 설도. 그리고 아름다운 비단을 짜내던 이름 모를 여인들까지. 기개 있는 여성, 그것이 바로 내가 만난 촨메이쯔였다.

방문해볼 만한 청두의 박물관들

청두수진즈슈보우관成都蜀锦织绣博物馆

🏠 成都市草堂东路2号
📞 (028)87337990
🕐 9:00~17:30
¥ 무료
🚶 지하철 2호선 '중이다성이위안中医大省医院' 역이 그나마
　　가깝지만 20분 이상 걸어야 한다.

중국은 비단의 나라다. 중국에서 가장 유명한 4대 비단으로는 운금
云锦, 장금壮锦, 촉금蜀锦, 송금宋锦이 있는데, 운금은 난징에서 생산되
는 비단, 장금은 광시좡족자치구에서 생산되는 비단, 송금은 쑤저우
에서 생산되는 비단을 의미하고, 촉금이 바로 쓰촨 지역에서 생산되
는 비단이다. 청두는 진한 시기부터 비단으로 유명한 지역이었고, 당
나라 시기까지 과거 비단길을 통해 거래되었던 비단 대부분이 이 촉
금이었다.

본문에서 촉금 박물관으로 소개한 청두수진즈슈보우관은 촉금의
역사며 직조법을 설명하는 박물관이다. 넓지 않은 박물관에 전시된
물품의 수가 많지는 않고 상업적인 냄새마저 물씬 풍기지만, 그래도
이쪽에 관심 있는 사람에게는 더할 나위 없이 즐거운 곳이다. 나는

정교하게 짜낸 비단을 보는 것도 즐거웠지만, 실제 사람들이 쓰던 것으로 보이는 자잘한 물건들을 구경하는 것이 더 재미있었다. 실용품에 놓인 자수는 거액의 돈으로 거래되던 정교하고 화려한 비단과는 달리 소박한 맛이 있었다. 어찌 보면 거친 느낌의 자수였지만, 그 점이 오히려 더 생활인의 자수 같은 느낌이 들어 좋았다.

전시품은 지하에 있고 1층에서는 비단 제품들을 판매한다. 나는 기념으로 꽃 무늬를 짠 비단을 액자에 넣은 것을 하나 사 왔는데, 볼 때마다 만족스럽다. 입장료는 무료지만 아마 대부분의 사람들이 1층에서 지갑을 열게 될 것이다. 박물관 주변에 골동품을 거래하는 가게가 몇 곳 있는데, 천천히 주변을 거닐며 구경해보는 것도 좋다. 박물관 건너편의 서점 겸 카페에서는 주로 중국 전통 미술과 관련한 서적을 판매한다. 음료와 음식도 괜찮은 편이니 들러서 느긋한 시간을 보내는 것도 좋을 것이다.

쓰촨보우위안四川博物院

🏠 成都市浣花南路251号

📞 (028)65521888

🕐 화요일~일요일(월요일 휴관)
5월~10월(9:00~21:00)
11월~4월(9:00~20:00)

💴 무료(외국인은 여권 제시가 필요할 수 있으니 반드시 여권을 챙기자)

🚶 지하철을 타고 갈 경우 4호선 '차오탕베이루草堂北路' 역에

서 내리면 약 1.7km, 2호선 '중이다성이위안' 역에서 내리면 약 1.3km를 걸어야 한다. 버스 노선으로는 19, 35, 47, 82, 88, 407, 309A, 901 등이 있다. 청두 시내에서 움직이는 택시비는 그다지 비싸지 않으므로, 가능하다면 택시 이용을 적극 권장한다.

쓰촨성 박물관이라고도 부른다. 중국 다른 지역의 박물관처럼 테마별로 전시실이 나뉘어 있는데, 그중에서 가장 눈에 띄는 것은 장다첸 서화관이다. 독특하고 깊이 있는 색감의 작품들로 유명한 장다첸張大千(1899~1983)은 쓰촨성 출신의 대표적인 중국 현대 화가 중 한 사람이다. 그는 젊은 시절 교토에서 염직을 배우기도 하고, 중국의 역대 화가들을 모사하며 각 화파의 특징을 익히기도 했다. 그리고 둔황에서 2년 여를 거주하면서 둔황 막고굴의 벽화들을 모사했는데, 그 경험이 그의 그림에 큰 영향을 끼쳤다고 한다.

나는 타이베이의 고궁박물원에서 장다첸의 그림을 처음 보았는데, 그림을 보는 순간 영혼이 빨려 들어가 산산조각 나는 느낌을 받았다. 그 압도적인 푸른빛 앞에서 온몸이 쭈뼛해오고, 감정이 격렬해지는 것을 주체할 수 없어 꽤나 고생을 했다. 내가 타이베이에서 보았던 작품은 그의 말년 작품으로 그야말로 농익은 작품이었다. 쓰촨보우위안에 있는 그의 작품 대부분은 둔황의 벽화를 모사한 것들로, 습작기의 작품이라고 할 수 있다. 장다첸을 좋아하는 이라면 이 박물관에서 장다첸이 그 자신의 감각을 조련해나가는 과정을 좇을 수 있을 것이다. 그 외에도 쓰촨 지역의 문화를 담은 '파촉 청동관', '장

전 불교 문명관' 등이 특별한 볼거리다.

여담이지만 쓰촨보우위안은 위에서 언급한 청두수진즈슈보우관과
도 가깝고 두보초당과도 가깝다. 그러나 그 가까움이란 '걸어가기에
는 망설여지고 그러나 뭔가 타기에도 미묘한' 정도의 그런 가까움이
다. 아마 여행으로 지쳐 있는 경우라면 그 거리가 더욱 힘들게 느껴질
것이다. 나는 이런 경우 공용자전거를 애용했다.

청두보우관成都博物馆

🏠 青羊区小河街1号(톈푸 광장 서쪽)
📞 (028)62915593
🕐 화요일~일요일(월요일 휴관)
　　5월~10월(9:00~20:30)
　　4월~11월(9:00~20:00)
¥ 무료(외국인은 여권을 제시해야 한다)
🚶 지하철 1, 2호선 톈푸광창天府广场 역에서 하차 후 도보 2분

청두의 옛 모습을 알고 싶다면 시내 한복판, 톈푸 광장 근처에 있는
청두보우관이 제격이다. 이 박물관에는 주로 청두에서 발굴된 유물
들이 시대별로 정리되어 있는데, 그 유물들을 차례대로 따라가다 보
면, 역사가 오래된 도시가 주는 감동을 느낄 수 있다.

청두의 옛 모습을 재현한 피규어들도 사랑스럽고, 연극과 공연이 발
달한 도시답게 그림자 공연을 위한 가죽 인형들이라든가 꼭두각시
를 전시해놓은 것도 재미있다. 박물관이 딱딱하고 어렵게만 느껴지

는 사람이라도 이 박물관은 웃으며 관람할 수 있을 것이다. 홈페이지 (http://www.cdmuseum.com)에서 관람 예약이 가능하다.

6장

청두, 4월, 차

어느 계절에 가도 지극히 아름다운 곳이라 했다. 3월이면 도화가 만발하고, 10월이면 단풍이 흠뻑 들어 마치 유화물감을 발라놓은 것과 같은 질감을 느낄 수 있다나. 마음 같아서는 청두에서 열두 달 내내 지내며 그 아름다움을 모두 느껴보고 싶었지만 결국 한 달만 선택해야 했다. 나는 4월에 청두로 가는 표를 끊었다.

좋은 선택이었다. 청두는 4월의 봄 같은 도시였으니까. 만개하기 직전의 꽃봉오리 같은 도시. 청두에서 받은 인상은 그랬다. 또 한 가지 봄은 그해 차가 나오는 계절이라, 차를 사랑하는 청두 사람들이 행복하게 물을 끓이고 차를 우릴 때 풍기는 차향에 흠뻑 취할 수 있었던 것도 좋았다.

청두는 차를 사랑하는 사람들의 도시다. 청두에서 사귄

친구에게 청두 사람을 한마디로 정의한다면 무어라 하겠냐고 물어본 적이 있다. 잠시 고민하던 친구의 대답은 이랬다.

"맑은 차 한잔을 손에 들고 유유자적 삶을 즐기는 사람들."

친구는 거리를 가리켰다. 봐봐, 사람들이 모두 걷고 있잖아. 뛰지 않아. 정말이었다. 거리에는 뛰는 사람이 없었다. 모두가 여유로운 표정으로 걷고 있었다. 친구가 다시 덧붙였다.

"차를 마실 때의 리듬이야. 차를 우릴 때 서두르면 좋은 차를 마실 수 없지. 차를 마실 때도 그렇지. 급하면 그 맛을 느낄 수 없고 말이야. 청두 사람들은 인생도 그렇다고 생각해. 차를 우리고 마실 때처럼, 느긋하고 여유로운 리듬으로 살아야 비로소 삶의 맛도 느낄 수 있는 거지."

차를 사랑해서 차를 마시는 리듬을 몸으로 익혀온 사람들. 청두 사람들은 그렇게 차를 사랑한다. 언제나 맑은 차 한잔을 손에 든 양 움직이고 말하는 사람들. 이 장에서는 청두 여행 중 차를 사랑하는 사람들을 만나 차를 마신 이야기를 해보려 한다.

말리화 향기에 취하다

쓰촨은 예로부터 중국에서 유명한 차 산지 중 한 곳이다. 간송에서 소장하고 있는 추사의 작품 중에 초의 선사에게 보낸 '명선茗禪'이라는 글씨가 있다. 차를 사랑한 추사가 초의가 부쳐온 차를 마시고 보답으로 써 보낸 것인데, 명선 두 글자 오른쪽에 다음과 같은 글귀가 적혀 있다. '초의가 스스로 만든 차를 보내왔는데, 몽정蒙頂과 노아露芽에 못하지 않다. 이에 글을 써서 보답한다.'

이 작품이 추사의 실제 글씨인지에 대해서는 진위 논란이 있으나, 차를 좋아하는 나에게는 그 글씨가 진품인지보다 거기에 적힌 문구가 더 중요했다. 추사는 중국에 자주 다녔으니 몽정과 노아의 맛을 보았을 것이다. 몽정, 노아 모두 당시 청나라에서 명품에 속하는 차였고, 추사는 초의의 차를 칭찬하기 위해 차의 종주국에서 가장 훌륭하다 생각한 몽정과 노아에 비유한 것이다. 여기서 몽정이 바로 쓰촨의 멍딩蒙頂에서 나는 차를 가리킨다.

청두에 가면 추사가 최고의 차로 생각한 몽정을 마셔볼 수 있다는 생각에 무척 설레었다. 청두에 도착한 다음 날, 두보초당을 거닐다가 찻집을 발견하자마자 바로 자리에 앉은 것 역시 그래서였다. 몽정차가 있을 거라 생각했던 것이다. 그러나 메뉴판을 보고서 나는 그저 당황할 수밖에 없었다. 메뉴판을 건네고 돌아서던 찻집 주인을 다시 불러 세웠다.

"여기, 벽담표설碧潭飄雪이 어떤 차인가요?"

주인은 청두 토박이임에 분명했다. 느긋하고 다정한 표정으로 이렇게 대답했으니까.

"청두의 벽담표설이지요."

"음, 여기 설아雪芽는요?"

"역시 청두의 설아지요. 청성산靑城山에서 나는 차랍니다."

"죽엽청은 어떤 차인가요?"

"또한 청두의 죽엽청이지요. 아미산에서 나죠."

차는 보통 발효도에 따라 녹차, 백차, 황차, 청차(우롱차), 홍차, 흑차, 여섯 가지로 구분된다. 그러나 이 구분법은 근대 이후에 생긴 것이고, 원래 중국에서는 차를 이야기할 때 그 지역 이름에 제다법을 붙이는 것이 일반적이었다. 추사가 멍딩에서 나는 차를 몽정이라 부른 것처럼. 그 전통이 지금도 남아, 중국에서 차를 이야기할 때는 발효도에 따라 이야기하기보다 어느 지역의 무슨 차라고 이야기하곤 한다.

청두 사람들은 달랐다. 차에 단순히 이름과 제다법을 붙이는 데서 벗어나 차마다 아름다운 이름을 하나씩 붙여주고 있었다. 중국 차를 꽤 마셔봤다 자신하던 나였지만, 저 아름다운 이름만으로는 무슨 차인지 도저히 구분할 수가 없었다. 고민하다가 다시 물었다.

"이 차들 중 하나만 추천한다면, 무엇을 추천하시겠어요?"

진지하게 고민하던 주인은 마침내 벽담표설을 가리켰고 나는 '청두의' 벽담표설을 주문했다. 잠시 후, 내 앞에는 하얀 개완과 뜨거운 물이 담긴 보온병이 놓였다. 청두의 차와 처음 만나는 순간이었다

"어머나, 예뻐라!"

개완 뚜껑을 열며 나도 모르게 중얼거렸다. 하얀 개완 안에 연둣빛 여린 찻잎이, 그리고 우리나라에서 재스민이라 부르는 고운 말리화 꽃잎이 담겨 있었다. 개완과 보온병을 가져온 찻집 사람은 이런 내 반응이 만족스러운 듯 빙긋 웃으며 개완에 따뜻한 물을 부어주었다.

벽담표설은 푸른 연못碧潭에 흩날리는 눈飄雪이라는 뜻이다. 푸르다는 의미의 벽碧은 차를, 연못을 뜻하는 담潭은

두보초당 안 찻집에서 마신 벽담표설.

개완을, 흩날리고 떠돈다는 의미의 표飄는 꽃잎이 찻물 위에 떠 있는 모습을, 눈을 의미하는 설雪은 새하얀 말리화를 의미한다고. 새하얀 개완 연못에 따뜻한 물을 부으면, 연둣빛 여린 찻잎이 우러나 푸른 물결이 인다. 공기처럼 가벼운 말리화 꽃잎이 그 물결을 타고 둥실 떠오르는데, 정말로 푸른 연못 위로 눈이 나리는 듯 아름답다. 작은 개완 안에 펼쳐지는 세계를 보고 있노라면 눈앞이 밝아지는 것 같고, 개완을 들어 한 모금 마시면 내 안이 말리화 향으로 가득 찬다. 품위 있게 다정한 향이다.

벽담표설은 전통적인 말리화차에 새로운 공법을 더해 향과 맛에 섬세함을 더한 차인데, 최근 청두 사람들이 가장 좋아하는 차라고 한다. 청두 사람들은 말리화 향이 감도는 벽담표설을 마실 때면 종종 말리화차에 얽힌 동화 같은 전설을 이야기한다.

"아주 오래전에, 잘생긴 차나무 왕자가 있었다지. 차나무 왕자는 매일 밤 말리화 향에 매료되어 강가로 나가 말리화 선녀와 만났어. 그들은 점차 서로를 사랑하게 되었는데, 어느 날 차나무 왕자의 아버지가 그 사실을 알게 되어버린 거야. 화가 난 왕이 불의 신과 바람의 신을 보내 말리화 선녀를 태워버리라고 했어. 차나무 왕자는 나중에야 그 이야기를 듣고 달려갔지만, 눈앞에 보이는 것은 불에 타버린 말리화 선녀였다고 해. 왕자는 슬픈 나머지 자신도 불 속으로 뛰어들고 말았어. 이 모습을 안타깝게 여긴 바람의 신은 바람을 일으켜 왕자와 말리화 선녀를 호수로 보내주었지. 하늘 가득 날리던 말리화 꽃잎이 호수 위로 사뿐히 내려앉았고, 그 후로 호수에서는 말리화 향이 끊이지 않았다고 해."

청두에 가기 전, 청두에 대해 이런저런 상상을 했었다. 청두의 하늘은 어떤 빛일까. 청두의 방언을 들으면 어떤 느낌이 들까. 청두의 거리에서는 어떤 냄새가 날까. 아마 마라 향으로 가득 차 있겠지? 거리 전체가 알싸하게 매캐할지도

몰라. 그러나 청두에서 돌아온 지금, 청두를 생각하면 가장 먼저 떠오르는 향은 말리화 향이다. 벽담표설을 마실 때 내 몸을 가득 채우던 말리화 향.

나는 말리화 향을 좋아하지 않았다. 베이징에서 마시던 말리향편은 대부분 인공적인 향을 냈다. 찻잎이 품고 있는 자연스러운 향이 있는데 왜 굳이 만들어낸 꽃향기를 더하는지 이해할 수 없었다. 그러나 언제부터인가 생각이 바뀌게 되었다. 인공적인 말리화 향이 많다는 것은 말리화 향이 그만큼 매혹적인 향이라는 방증이다. 사람들은 억지로 만들어서라도 그 향을 곁에 잡아두고 싶어 했고, 그 때문에 진짜 말리화 향마저 부자연스럽게 느껴지는 경우가 많아진 것이다. 그러나 청두에서 맡을 수 있는 말리화 향은 자연스럽다. 오일 등을 이용하여 향을 내는 것이 아니라 실제 말리화로 향을 입히는 벽담표설의 향이기 때문이다.

말리화는 초여름에 핀다. 말리화 채취는 보통 오후 2시부터 5시 사이에 이루어지는데, 그때가 기온도 적당하고 꽃이 머금고 있는 수분의 양도 알맞기 때문이다. 살짝 피기 시작한 봉오리로 골라 딴 후, 반 시간마다 한 번씩 뭉쳤다가 흩뜨리기를 반복한다. 밤 9시에서 10시가 되면 꽃이 피어나며 진한 향을 내뿜게 된다. 피어난 말리화는 체로 걸러 꽃송이만 남기는데, 숙련된 사람이 체를 치는 모습은 꽃과 함께 춤을 추는 듯 무척 아름답다. 봄에 멍딩에서 딴 찻잎과 섞는 것은 그다음 과정으로, 찻잎과 꽃의 비율을 조절하는 것은 물론이고 찻잎의 수분을 적당하게 조절하는 것이 바로 장인의 영역이다. 만약 수분 조절에 실패한다면 차를 우려낼 때 그 빛깔이 맑지 않고, 찻잎도 부드러움을 잃기 마련이다.

말리화와 찻잎을 섞은 후에는 간혹 공기가 통하고 온도가 내려가도록 뒤섞어주며 꽃에 차의 맛이 배이고 차에 꽃의 향이 배이기를 기다린다. 적당한 순간이 오면 차와 꽃을 살짝 덖어주는데, 바로 이 과정이 있기에 벽담표설은 여러 번 우려도 말리화 향이 줄어들지 않고 오히려 더욱 그윽한 향을 피워낸다. 다 덖은 후 향이 날아간 꽃을 체로 걸러내고, 말리화 향을 품은 차에 새로운 꽃을 더하면 벽담표설이 완성되는 것이다. 이렇게 제대로 만든 벽담표설에서 풍겨 나오는 말리화의 향은 결코 거북하지 않다. 말리화 향이 사람들을 왜 그리 사로잡았는지, 사람들이 어째서 억지로라도 곁에 잡아두려고 했는지 알게 되는 그런 향이랄까.

개완에서 피어오르는 이 향을 맡은 후, 청두에 있는 동안 기회가 되면 벽담표설을 청해 마셨다. 벽담표설을 마실 때면 내 몸 가득 매혹적인 말리화 향이 차올랐고, 그 말리화 향은 그대로 나에게 청두의 향이 되었다. 덕분에 청두에서 사온 벽담표설을 우릴 때면 말리화 향을 타고 청두에서의 기억이 슬며시 떠오르곤 한다.

내가 처음 벽담표설을 마신 곳은 두보초당 안에 위치한 찻집이었지만 굳이 벽담표설을 마시기 위해 두보초당을 찾아갈 필요는 없다. 청두에 있는 대부분의 찻집에서 벽담표설을 맛볼 수 있다. 우아한 분위기에서 벽담표설을 마시고 싶다면 타이구리에 위치한 미쉰차스遙쿵茶室를, 캐주얼한 분위기에서 마시고 싶다면 날이 좋은 날 콴자이샹쯔에 위치한 청두 댜오위타이 호텔成都钓鱼台精品酒店의 작은 정원에 가는 것을 추천한다. 물론 이 두 곳 외의 찻집에서도 얼마든지 괜찮은 벽담표설을 마실 수 있다.

청두 인민들의 찻집

두보초당에 있는 찻집에서 벽담표설을 마신 후, 나는 청두의 다른 차들도 하나하나 공략해보기로 했다. 우선, 가고 싶은 찻집의 목록을 만들기 시작했다. 청나라 말기, 청두에는 찻집이 400곳이 넘었다고 한다. 이름이 붙은 거리가 500곳 정도였다니, 대강 거리 하나당 찻집이 하나씩 있었던 셈이다. 1930년대에는 찻집이 600곳을 넘어섰고, 매일 찻집에 들르는 사람만 12만 명 정도였다고 한다. 지금의 청두도 내가 다녀본 다른 여러 중국 도시 중 찻집이 가장 성업하는 도시였다. 거리마다 골목마다 찻집이 있고, 그 찻집 안에서 누군가가 차를 마시고 있다.

청두 사람들에게 찻집은 일상적인 공간이다. 평일에는 동네 찻집에 간다. 동네 찻집에는 보통 격자로 짜 넣은 장이 있고, 장 안에는 단골손님들의 찻잔이 빼곡하게 들어차 있다. 자리에 앉으면 뜨겁게 데운 다구와 차가 나오고, 사람들은 가족들과 한담을 나누거나 책을 읽으며 차를 마신다. 청두 사람들이 퇴근 후 여유를 즐기는 방법이다.

토요일 오전이면 사람들은 손에 해바라기 씨 한 봉지, 과일 한 봉지를 들고 친구들을 만나러 공원에 간다. 청두 시내 곳곳에 있는 공원 안, 풍경이 가장 좋은 곳에는 찻집이 있기 마련이다. 빽빽하게 들어선 탁자마다 사람 수만큼의 개완이며 뜨거운 물이 든 보온병, 해바라기 씨와 과일 껍질들이 늘어서 있다. 이리저리 의자 사이로 비집고 들어가면 주말마다 만나는 친구들이 기다리고 있고, 자리에 앉으면 어디선가 찻집 사람이 다가와 메뉴판을 내민다. 청두 사람들은 각자 원하는 차를 고른 후 친구들과 그간 밀린 이야기를 나눈다.

물론 특별한 날은 좀 더 정식으로 우려주는 궁푸차工夫茶(공부차)를 마시러 가지만, 청두 '인민'들이 평소에 가는 찻집은 훨씬 편한 느낌이다. 격식에 맞춰 옷을 입을 필요도 없고, 차를 우릴 때 까다롭지도 않다. 청두 사람들 사이에 끼어 앉아 개완에 담긴 차를 마시며 해바라기 씨를 까먹고 있노라면, 자신이 여행자가 아닌 청두 사람이 된 기분을 맛볼 수 있다.

나는 청두에 있는 내내 런민궁위안人民公园(인민공원) 근처에 있는 아파트에서 머물렀는데, 지하철역으로 가는 길에 공원이 있는데다 입장료도 무료라 외출하는 길에 종종 들르곤 했다. 평일에는 찬찬히 생각에 빠져 고요하게 산책하기 좋은 공원이지만, 주말이 되면 사람들로 시끌벅적해진다. 나는 사람이 많은 곳을 좋아하지 않는 편이나, 공원에서 만나는 사람들에게는 묘하게 정이 간다. 다들 공원에 올 때는 편안한 표정을 짓고 있기 때문이 아닌가 싶다.

중년 여인들은 음악을 틀어 놓고 함께 춤을 추고, 한구석

런민궁위안의 한가로운 풍경.

에서는 손수레에 싣고 온 중고서적을 판다. 설탕 과자를 만들어 파는 사람은 끊임없이 나비 모양 설탕 과자를 만들어내고, 아이들은 그 설탕 과자가 갖고 싶어 할머니의 손을 잡아끈다. 오색찬란한 제기를 파는 사람도 돌아다니는데, 한번은 5살 정도로 보이는 꼬마가 엄마와 너무 즐겁게 제기를 차는 것을 보고 나도 제기를 사고 말았다.

그렇게 공원을 돌아다니다 보면, 백 년 넘게 영업하고 있는 허밍차서鶴鳴茶社라는 찻집에 도착하게 된다. 바로 청두 인민들이 친구들과의 만남을 위해 찾는 곳이다. 물가 자리를 골라 자리를 잡고, 메뉴판에서 차를 주문한다. 아미산 찻잎으로 만들었다는 모봉, 죽엽청, 몽정의 감로 등 여러 종류

런민궁위안 안 백 년 된 찻집 허밍차서에서 주말을 즐기는 청두 사람들.

의 차를 마셔보았는데, 사실 그렇게 고급 찻잎은 아니었다. 그러나 가끔은 찻잎의 좋고 나쁨보다 그 순간의 기분이 중요할 때도 있는 법.

오래 묵은 대나무 의자에 앉아 차를 마실 때 개완을 올려놓은 얼룩덜룩한 탁자 위로 나뭇잎이 하나 떨어진다든가, 물가에서 불어오는 바람이 시원하게 귀를 스치고 지나간다든가, 남는 의자를 가져가도 되겠냐고 묻는 청두 사람의 목소리가 유달리 다정하게 들린다든가 하면, 평소에 차를 꽤 까다롭게 마신다고 자부하는 사람이라도 찻잎의 품질보다는 그 순간에 취할 것이다.

오래된 찻집에는 없던 추억마저 만들어주는 힘이 있다. 주변에서 들려오는 청두 사투리에 귀를 기울이면, 어쩐지 나도 청두 토박이인 것만 같은 기분이 든다. 허밍차서에 처음 간 날도 그런 느낌을 받았다. 여섯 살에 할머니 손을 잡고 공원에 와서 설탕 과자를 사달라고 졸랐을 것 같고, 열두 살에는 친구들과 함께 중고서적 수레를 뒤지며 '내가 이 책 살게, 네가 이 책 사. 다 읽고 이틀 후에 바꿔보는 거다'라고 약속을 했을 것 같고, 그리고 열여덟 살에는 마음이 가는 사람이 참가하는 모임에 가기 위해 열심히 머리를 빗고 와서 내 개완에 뜨거운 물을 따라주는 그 사람의 손가락을 보며 가슴이 두근거렸을 것 같은…… 그렇게 실제로는 겪어보지 않은 추억을 실제인 양 더듬게 만드는 힘이 허밍 차서같이 오래된 찻집에는 있다. 찻집에 앉아 있노라면 내가 옆자리에 앉은 친구와 수다를 떠는 소녀였다가, 또 그 옆자리에 앉아 아이의 입에 연신 과일을 밀어 넣는 젊은 엄마였다가, 또 그 모습을 흐뭇하게 바라보는 할머니가 되었다가 했다. 그야말로 인생의 백 가지 모습이 펼쳐지는 그 찻집에서 나는 그 모든 인생의 순간들을 경험하는 것이다.

허밍차서에서는 한 사람 당 차를 한 잔씩 주문하는 것을 원칙으로, 차를 개완에 내어준다. 개완은 뚜껑이 있는 중국식 다기로, 하늘을 의미하는 덮개, 사람을 의미하는 다완, 땅을 의미하는 받침, 세 부분으로 나뉘어 삼재완三才碗 혹은 삼재배三才杯라고도 불린다. 삼재배로 불린다는 데서 눈치챌 수 있듯이, 본래는 찻잔의 용도로 쓰이는 물건이었다. 즉 개완에 차를 넣고 우린 후 직접 개완에 입을 대고 마시는 것이 정식 사용법이다.

그러나 개완이 차를 빨리 우려낼 수 있고, 덮개에 배인 차의 향을 맡기 좋다는 장점이 있어 근대 이후 대도시의 상인들이 개완을 차를 우려내는 도구로 사용하게 되었다. 차

시장을 통해 개완으로 차를 우려 여럿이 차를 마시는 방식이 널리 퍼지면서, 이제는 개완을 찻잔으로 사용하는 것을 어색해하는 경우도 많다. 그러나 청두의 오래된 찻집에서는 여전히 옛날 방식을 고수하며 개완을 찻잔으로 쓰고, 청두 사람들도 옛날 방식으로 개완을 들고 차를 마신다. 허밍차서 역시 이 전통을 고수하고 있어 주문을 마치면 탁자 위에 사람 수만큼의 개완이 놓이기 마련이다.

백 년 넘게 영업하는 찻집에서 개완으로 차를 마실 때 느낄 수 있는 또 다른 즐거움으로, '개완 암호'가 있다. 사람이 많은 찻집에서 손님들이 일일이 손을 들어 찻집 주인을 부르면 분위기가 시끄러워지기 마련이라 손님들과 찻집 주인은 개완을 사용해서 암호를 주고받는다. 자주 쓰이는 암호는 다음과 같다.

① 개완의 덮개를 아래로 비끼듯 다완과 받침 사이에 올려놓으면, 차를 우릴 뜨거운 물이 더 필요하니 물을 더 달라는 의미이다.

② 개완의 덮개를 바깥쪽으로 기울여 받침 위에 올려놓으면, '나는 외지인이고 도움이 필요하다'는 의미이다. 과거

찻집은 사람들이 모이는 장소였고, 외지인 입장에서는 현지에 대한 정보를 얻기 쉬운 곳이기도 했다. 이 암호를 사용하면 찻집 주인이 슬쩍 다가와 어떤 도움이 필요한지 물어보았고, 만약 외지인에게 도움이 될 현지인이 있으면 서로 소개해주기도 했다고 한다.

③ 개완의 덮개를 거꾸로 하여 개완 옆에 안쪽으로 향하도록 끼워놓으면 '오늘 돈이 모자라니 외상으로 달아 달라'는 뜻이다. 찻집에 쉽게 외상을 요청할 정도의 단골이 많았고, 그만큼 찻집이 성행했다는 것을 알 수 있다.

④ 개완의 덮개를 위로 향하게 하여 개완 안에 담그면, 다 마셨으니 계산서를 가져오고 자리를 치워도 좋다는 뜻이다.

⑤ 개완의 덮개, 다완, 받침을 각각 떨어뜨려 놓으면, 오늘 마신 차에 불만이 있다는 의미이다. 오해를 살 수 있으니 개완을 이런 형태로는 두고 나오지 않는 편이 좋다.

⑥ 개완 위에 작은 물건을 올려놓고 자리를 비우면, '잠시

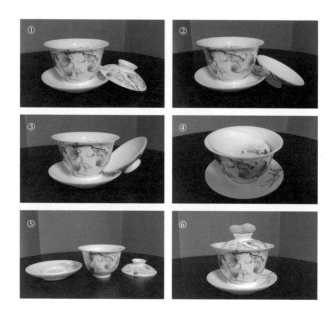

자리를 비우니 다구를 치우지 말라'는 부탁이다. 찻집에서
잠시 화장실에 갈 때 개완 위에 해바라기 씨라도 하나 올려
놓고 자리를 비워보자. 돌아왔을 때 개완이 그대로 남아 있
는 것을 발견할 수 있을 것이다.

　청두 사람이 된 기분을 맛볼 수 있는 찻집은 여러 곳이
있다. 우선 허밍차서와 같은 공원 찻집(청두의 큰 공원에는

대부분 찻집이 있다)들을 빼놓을 수 없고, 훠궈 체인인 황청라오마에서 운영하는 바댜오차서坝调茶社나 고즈넉한 정원에서 차를 마실 수 있는 청두화위안成都画院(청두화원)도 그런 기분을 즐기기에는 최적의 찻집들이다.

——————— 다원에서 보낸 하루

청두에 도착하고 얼마 지나지 않아 택시를 타고 타이구리로 가던 중이었다. 멍하니 창밖을 구경하고 있는데 신장 사람들이 신장식 빵인 난을 잔뜩 쌓아놓고 팔고 있었다. 마침 신호에 걸려 택시가 멈춰선 순간, 그 난이 어찌나 맛있어 보이던지 나와 택시 기사님 모두 난을 바라보다가 동시에 '햐!' 소리를 냈다. 기사님이 갑자기 창문을 열더니 외쳤다.

"하나에 얼마?"

"5위안."

"1개만!"

신장 사람이 택시로 달려와 난을 하나 주고 갔다. 그 모습을 보며 '헉, 이렇게 난을 사는 방법이 있었다니, 나도 살걸……' 하고 부러워하고 있는데 기사님이 그런 내 표정을 보고 말없이 난을 반으로 쪼개주려고 했다.

"아니에요. 막 점심을 먹었는데……"

그래도 난을 내밀며 먹고 싶은 만큼 뜯어가라고 했다. 예의상 조금만 뜯어와 먹었는데 정말 맛있었다. 그냥 처음에 반 쪼개주려 할 때 염치 불고하고 받을 걸, 하고 후회하며 난을 맛있게 씹었다.

여행자가 한 도시 사람들에 대해 이러니저러니 말하는 것은 아마 오만한 일일 것이다. 그런데 청두 사람들은…… 그랬다. 스쳐가는 택시기사와 손님, 단 10분 같은 차 안에 앉아 있던 인연, 평생 다시 볼 일 없을 사람인데도 말없이 빵 절반을 뚝 떼어주려 했다. 청두에 막 도착했을 무렵에는 그런 친절이 너무나 생경하게 느껴졌지만 조금 지나자 자연스레 깨닫게 되었다. 청두 사람들은 원래 그런 사람들이라는 걸. 자연스럽게 친절을 베풀고 자연스럽게 친절을 받아들이는 그런 사람.

청두에 있는 동안 친절을 받아들이는 법을 많이 배웠다. 누군가의 호의를 받으면 갚아야 할 것 같아 항상 신경을 곤두세우고 있었는데, 어느 순간 나도 빗장을 풀고 마음을 열었다. 그렇게 친절을 받아들이니 내 여행이 달라졌다. 나는 분명 청두에 혼자 여행을 갔는데, 어느 순간 매일 무언가를 같이할 지인들이 생겨났다.

청두에서 매일같이 찻집에 들락거리다 보니 욕심이 생겼다. 단순히 찻집에 앉아 청두 사람인 척 차를 마시는 것이 아니라 청두 사람들과 대화를 나누며 차를 마시고 싶은 욕심 말이다. 나는 청두 사람들의 호의에 기대보기로 했다.

인터넷을 통해 청두에서 열리는 모임 공고를 살폈다. 찻집에 갈 때마다 다회에 참석해보고 싶은데 참석할 만한 곳이 있겠는지 물었다. 청두 사람들은 차를 사랑하는 만큼 차에 관심을 보이는 사람들을 사랑하는 것 같았다. 나는 쓰촨 차에 대해 알고 싶다고 말하는 것만으로도 각종 다회에 초대받을 수 있었고, 차를 즐기는 친구, 즉 새로운 다우茶友들을 사귈 수 있었다.

청두에서 사귄 다우들은 모두 나보다 나이가 많은 비혼의 직장인들이었다. 주말이면 함께 차를 마시며 한 주간의 이야기를 주고받는다고 했다. 한국에서 온 동생에게 잘해주고 싶다며, 청두에 있는 동안 무엇을 하고 싶은지 물었다. 나는 머뭇거리다 대답했다.

"다원에 가보고 싶어요."

조심스럽게 건넨 말에 언니들이 흔쾌히 대답했다.

"그래, 이번 토요일에 가자."

"정말요?"

"어려울 게 뭐 있어. 마침 우리도 슬슬 올해 차를 사러 가야겠다고 생각하던 참이었어."

그렇게 약속이 잡혔다. 토요일, 아침 일찍 약속한 지하철역에 가니 언니들은 벌써 차를 몰고 나와 기다리고 있었다. 얌전히 차에 올라타자 아침은 먹었느냐며 먹을 것까지 챙겨주었다. 건네받은 두유와 계란 전병을 먹으며 그날 방문할 다원에 대한 설명을 들었다.

"오늘 우리가 갈 곳은 츙라이邛崍야."

"츙라이라고요? 처음 들어봐요."

"츙라이는 아주 큰 차 산지야. 청두에서 한 시간 정도면 갈 수 있어서 가끔 가거든."

나는 마침내 쓰촨 차에 대해 대략적인 지식을 쌓을 수 있었다. 쓰촨에는 차 산지가 아주 많다고 했다. 그 유명한 몽정차가 나는 멍딩, 당나라 때부터 장차藏茶를 생산해왔다는 야안雅安, 그리고 함께 가고 있는 츙라이. 그 외에 청두 근교의 청성산이나 아미산 등에서도 차가 난다고 했다. 모두 해발고도가 높고, 온화한 기후에 비가 적당하게 내려 늘 습한 곳이니 차가 좋을 수밖에 없겠다는 생각이 들었다.

차에 대한 이야기를 나누느라 시간 가는 줄 모르고 흥라이에 도착했다. 차에서 내린 순간, 눈앞에 거대한 차 밭이 펼쳐졌다. 하늘 끝으로 흥라이 산맥이 연이어 있고, 그 아래로는 모두 차 밭이었다. 야생 차 밭은 아니었지만 유기농으로 관리하는 차 밭이라고 했다.

"운이 좋다. 보통은 안개가 많은 곳인데 오늘은 하늘이 푸르네."

그랬다. 하늘을 보아도 땅을 보아도 확 트이듯 푸르고 맑은 날이었다. 언니들은 익숙하게 주인과 인사를 주고받았다. 선한 인상의 다원 주인 부부는 멀리서 찾아온 외국인이 신기한 듯 웃어보였다. 나도 생글거리며 다원이 보이는 탁자에 앉았다.

"지금 무슨 차가 제일 마실 만해요?"

"명전 잎으로 만든 홍차가 딱 마시기 좋은데."

"그럼 홍차부터 시작할게요."

커다란 유리컵 네 개가 나왔다. 쓰촨에서는 보통 녹차를 높이 치기 때문에 명전 잎으로는 홍차를 만들지 않는데, 이 다원에서는 특별히 명전 잎으로 홍차를 만든다고 했다. 까맣게 고슬거리는 찻잎을 유리컵 안에 넣고 뜨거운 물을 부었다. 내가 신기한 눈으로 바라보는 것을 눈치챈 언니가 웃

차를 늘 곁에 두는 청두 사람들은 오히려 다구에 까다롭지 않다.

었다.

　"오히려 차 산지에서는 차를 마실 때 격식을 차리지 않더라고."

　도시 사람에게 차가 일상이라 해도 차를 만드는 사람들만 할까. 매일, 하루에도 수십 번은 차를 만들고 우리는 사람들에게는 격식보다 편리함이 중요할 수도 있을 것이다. 나는 윈난 다원에 갔을 때도 이랬다고, 그러니 괜찮다고 말한 뒤 유리컵을 들어 홍차를 마셨다.

　맑은 공기에 파란 하늘, 짙푸른 차 밭, 거기에 붉게 우러난 홍차까지. 청두 사람이 되어 누리는 주말 오전은 완벽했다. 언니들과 좋아하는 차 이야기부터 좋아하는 시인 이야

　　　　　　　　　　　　　● 6장 청두, 4월, 차

기, 또 중국사에서 좋아하는 여성 이야기며 동아시아에서 여자로 살아가는 이야기까지, 소소한 대화를 주고받고 있노라니 온몸에 쌓여 있던 긴장이 풀렸다. 나는 나도 모르게 웃는 얼굴로 이야기를 하고 있었다.

느긋하게 차를 마시고 있는데 다원 주인이 차를 덖을 거라고 알려왔다. 총총히 다원 주인 곁으로 다가갔다. 따서 잘 골라놓은 찻잎이 대나무 바구니 안에서 말라가고 있었다. 아아, 갓 따온 찻잎의 빛깔은 어찌 이리 여릿여릿 푸릇푸릇 예쁜 것일까, 하고 감탄하고 있는데 다원 주인이 솥에 불을 지피기 시작했다.

"오늘 새벽에 따온 찻잎인데, 모봉毛峰을 만들 거야."

같은 찻잎으로 만든 녹차라도 제다법에 따라 각각 다른 차가 된다. 모봉 역시 녹차의 일종인데, 소엽종 찻잎으로 만드는 모봉은 가늘고 팽팽한 느낌에 여린 털이 잔뜩 돋아 있는 형태가 된다. 차로 우려내면 그 빛도 향도 몹시 맑다. 안후이의 황산에서 나는 모봉이 가장 유명하지만, 쓰촨 여러 지역에서도 모봉을 만든다.

다원 주인이 찻잎을 솥에 넣고 덖기 시작했다. 1차로 가볍게 덖어낸 찻잎을 솥에서 꺼내 대나무를 엮어 만든 판 위

다원 주인이 모봉을 만들고 있다. 솥에 찻잎을 살짝 덖어 살청한 후 대나무로 엮어낸 판 위에서 가볍게 비비고, 다시 찻잎을 솥에 넣어 공을 굴리듯 둥글게 뭉쳐가며 덖는다.

에 대고 비벼준 후, 다시 솥에 넣고 2차로 덖기 시작했다. 다원 주인은 연신 찻잎을 공처럼 뭉치듯 말아가며 덖었다. 그래야 모봉 특유의 모습이 나온다고 했다.

"두 번에 걸쳐 덖는 것은 향을 높이기 위해서지."

보통은 갓 덖은 차는 마시지 않는다. 차에 화기가 남아 있어 몸에 좋지 않기 때문이다. 그러나 찻잎을 덖는 순간, 솥 주위로 피어오르는 향에 취해 있다 보니 그 차를 맛보고 싶어 견딜 수가 없었다. 결국 갓 덖은 차를 유리컵에 넣고 뜨거운 물을 붓고 말았다. 갓 덖은 차 특유의 거친 느낌이 있었지만 그 무엇과도 비교할 수 없이 신선한 맛이 났다. 언니들은 감동에 빠져 있는 나를 보고 소리 죽여 쿡쿡 웃었다.

"그러고 보니, 작년 남겨둔 찻잎이 아직 있나?"

일행 중 한 사람이 작년 찻잎이 아주 좋았다고 했다. 모봉차 중 고소한 향이 나는 것을 상등품으로 치는데, 작년 찻잎이 그런 향을 살리기에 좋았다고. 일종의 실험을 위해 작년 찻잎을 생잎 그대로 냉동 보관해두었다고 했다. 다원 주인은 작년 찻잎을 가져와 똑같이 모봉차를 만들어내왔다.

"와, 이건……!"

참지 못하고 화기도 채 가시지 않은 차를 마셔본 나는 깜짝 놀랐다. 전형, 모범, 기준, 이런 말을 붙여도 될 듯한 모봉 특유의 향에 방금 마신 올해 녹차와는 확 다른 부드러운 맛이었다. 같은 차 밭에서 채취한 찻잎을 같은 사람이 같은 방식으로 덖었는데, 1년의 세월이 찻잎을 이렇게 변하게 만들다니…… 차는 신선한 찻잎으로 만들어야 한다는 편견 이 깨지는 순간이었다.

후에 청두로 돌아와 차에 정통한 분과 다시 차를 맛보며 들은 바로는, 1년 동안 생잎이 살짝 발효되면서 결국은 황 차가 되어버린 것이라고 했다. 그러나 그렇다고 해서 평소 에 마시던 황차들과 완전히 같은 느낌은 아니고, 그 차 특 유의 향과 맛이 있었다. 아무튼 차 밭을 바라보며 마시는 그 차의 느낌이 너무 좋아서, 우리는 그날 다원 주인이 만 든 차를 전부 사고 말았다.

내가 방문했던 다원에서는 차를 다원 주인 혼자 만든다. 그래서 차를 덖는 솥도 하나밖에 없었다. 다원 주인이 하루 에 만들 수 있는 차의 양이 한정되어 있으니, 그날 만든 차 를 사려면 살 수 있는 양도 한정되어 있는 셈이다. 한국에 돌아올 때 친구들에게 청두 다원의 향을 선물하고 싶은 마 음에 내가 조금 많이 사고 싶어 눈치를 봤는데, 다행히도 언니들이 너그럽게 양보해주었다.

점심 무렵, 찻잎을 따던 아주머니들이 올라왔다. 다원 여

다원에서 대접받은 점심 식사. 모두 흉라이의 특산물로 만든 요리였는데, 하나하나 신선하고 맛있었다.

주인이 그날 딴 찻잎의 무게를 재고 기록해둔다. 바구니에 가득 담긴 찻잎을 구경하며 아주머니들과 한마디씩 주고받고 있는데 언니들이 점심을 먹으라고 불렀다. 안 그래도 다원 근처에서 점심을 먹을 만한 곳이 없어 속으로 걱정하고 있던 차에 다원 주인이 식사를 차려주었다고 했다.

흉라이에서만 난다는 콩을 볶고, 흉라이의 특산품이라는 흑돼지고기를 살짝 매콤하게 양념했다. 맑게 끓인 배춧국은 그야말로 계속 마시게 되는 맛이었다. 차가 신선한 만큼이나 모든 음식이 신선했다. 연신 감탄하며 음식을 먹었고, 식사를 마치자 또 새로운 차가 나왔다. 배가 불러 죽겠다고 키득거리면서도 끊임없이 차를 마셨다.

석양이 질 무렵 우리는 아쉽게 다원을 나왔다. 청두로 돌아가야 하는데 어쩐지 발길이 떨어지지 않았다. 근처에 있는 유명한 국숫집에서 저녁으로 국수를 먹었지만 청두로 돌아오는 길에 맛있어 보이는 노점이 있으면 차를 멈췄다. 그날 저녁을 세 번이나 먹었다. 밥을 먹으면서 계속 이야기하고 웃고 또 이야기했다. 춤라이에서 청두까지 1시간 거리를 우리는 2시간 넘게 걸려서 돌아왔다.

청두 언니들과 다원에서 청두 사람 방식대로 주말을 보내고 돌아온 다음 날 침대에서 몸을 일으키니 몸이 한껏 가뿐해져 있었다. 오래 차를 탄 데다 하루 종일 나가 있으면서 계속 외국어로 대화했으니 몸이 지쳐 있어야 하는데, 이상하게도 가벼웠다. 아침에 마실 차를 우리면서 전날 다원에서 보낸 시간을 생각해보다가 묘한 기분이 들기 시작했다.

사람들에게 호의를 기대했다. 맹목적일 정도로 사람들이 나에게 잘해줄 거라고 믿었다. 그리고 사람들은 정말로 나에게 호의를 베풀어주었다. 그런 나를 이해할 수 없었다. 만난 지 얼마 되지도 않은 사람들에게 호의를 기대한 나를, 그리고 그들이 나를 뻔뻔하다 생각지 않고 호의를 베풀어줄 거라 믿은 나를. 그건 내가 아는 내가 아니었다. 나는 본래 사람을 잘 믿지 않고 낯을 가리는 편이다. 누군가와 있는 시간보다는 혼자 있는 시간을 즐기는 성격 때문에 여행도 혼자 하곤 한다. 그런데 청두에 오고 얼마 되지 않아 이렇게 마음을 열고 하루하루를 누군가와 같이 보내고 있었다.

앞에서도 말했지만, 여행자 입장에서 한 도시에 대해 이러니저러니 이야기하는 것은 정말로 오만한 일일 것이다. 그러나 또 여행자이기 때문에 어쩔 수 없이 받은 인상을 이야기하게 된다. 왜 타인의 호의를 자연스럽게 기대하고 믿었는지 생각하던 나는 결국 웃으며 결론을 내리고 말았다.

'청두라서 그런 거잖아.'

청두 사람들은 다정하다. 그 다정함이 자연스럽게 몸에 배어 있다. 청두에 도착하고 얼마 되지 않아 택시를 잡으려고 길에 서 있을 때였다. 청두 사람 너덧이 갑자기 손짓하며 택시를 잡기 시작했다. 아무래도 택시가 오면 나보다는 그 사람들 앞에 설 것 같았다. 나는 억울한 마음에 중얼거렸다.

"내가 먼저 왔는데……"

내 중얼거림을 들은 청두 사람이 나를 보며 다정하게 웃었다.

"응, 네가 먼저 택시 잡고 있던 거 알아. 그런데 택시를 잘못 잡는 것 같아서 우리가 같이 잡아주려는 거야. 택시가 오면 네가 먼저 타고 가고, 우리는 그다음에 오는 택시를 탈 테니까 걱정하지 말고 같이 택시 잡자."

그 순간 괜히 부끄러웠다. 중국 대부분의 도시는 택시 잡기가 힘들기 때문에 나는 당연히 택시를 잡을 때면 모두와 경쟁해야 한다고 생각했다. 그야말로 만인의 만인에 대한 투쟁의 현장이라고. 그러나 청두는 달랐다. 그 사람들은 예의를 지키며 나를 도와주려던 거였고, 내가 자신들을 경쟁자로 여기리라고는 단 한순간도 생각하지 않았다. 내가 자신들을 믿어줄 거라고 믿는 것, 청두 사람들에게는 그런 믿음이 당연한 것인 듯했다. 그런데 나는 사람들을 의심하고 무례하다고 항의했다. 여기에 생각이 미치자 얼굴이 화끈 달아올랐다.

나는 사람이 많은 곳을 싫어한다. 그런데 청두에서는 사람 많은 곳에 가도 눈에 거슬리는 것이 하나도 없었다. 내 마음의 고향은 베이징이지만, 베이징에서 사는 것이 항상 좋았던 것은 또 아니었다. 가끔은 베이징 말이 듣기 싫었고, 또 가끔은 눈에 보이는 모든 것에 짜증이 나기도 했다. 그런데 청두에 있는 동안은 그런 기분을 한 번도 느끼지 못했다.

청두에서는 사람들 얼굴에서 짜증 내는 표정을 본 기억이 없다. 웃는다. 다들 웃는다. 여유롭고 평화로운 웃음이다. 친구의 표현대로, 차를 마시는 리듬이 몸 안에 내재화되면 그런 웃음이 나오는 걸까? 나에게 말을 걸 때도 웃어주고, 내가 무엇을 물어봐도 웃어준다. 청두에 막 도착했을 때는 사람들이 계속 웃고 있다는 것이 너무 어색했다. 어떻게 저렇게 24시간 웃고 있을 수 있지? 가식은 아닐까 의심도 했다. 그러나 청두에 도착하고 며칠 지나지 않아 내 얼굴에도 비슷한 웃음기가 떠오르기 시작했다. 나도 모르게 웃으며 사람들을 바라보고 있었다. 그리고 그렇게 웃고 있을 수 있으니 참 좋았다.

상대가 웃고 내가 웃으니 기분에 거슬리는 것도 없고, 마음이 잔잔하고 평화롭다. 상대의 호의를 믿게 되었다. 상대는 말없이 호의를 베풀며 내가 그 호의를 의심할 거라는 생각은 하지 않는다. 맑은 차 한잔을 들고 여유롭게 살아가는 청두 사람들이 가진 마음의 리듬이 그랬다. 나는 무엇인가를 부탁하면 꼭 갚아야 한다는 강박관념이 있는 사람이라, 타인에게 도와달라는 말을 잘 하지 못한다. 그런데 청두에서는 그런 내 안의 모난 부분이 깎여나간 것 같았다.

다원에 다녀온 다음 날, 나는 차를 마시면서 내 마음의 리듬에 찬찬히 귀를 기울였다. 내 혀가 차를 맛볼 때, 내 마음도 과연 차를 마시고 있었던 걸까. 여유롭게 차를 우리고 맛을 보는 그 리듬에 내 마음을 맞추면 어디에서 산다 해도 청두 사람처럼 살 수 있을지 모르겠다는 생각이 드는 아침이었다.

──────── 차 시장에서 만난 사람들

다원에 다녀오고 며칠 후, 왕청 선생님이 차 도매시장에 가지 않겠느냐고 연락해왔다. 제자가 차 도매시장에서 가게를 하고 있는데, 명전 찻잎 거래가 끝나 한숨 돌리는 참이라나. 시장이 한가해졌다고 놀러오라고 해서 가려고 하는데 혹시 함께 가겠냐는 이야기였다.

이런 제안을 거절할 수 있을 리가. 중국의 큰 도시에는 당연히 차 도매시장이 있고, 청두는 대도시인데다 차 산지에 속하다 보니 도매시장도 큰 편이다. 그러나 청두 차 도매시장이 아주 외진 곳에 있다는 말에 여행자로서는 찾아가기 어려울 것 같아 방문을 포기하고 있었는데, 데려가 주신다니 그야말로 호박이 넝쿨째 굴러들어온 기분이었다.

시내에서 꽤 떨어진 곳에 위치한 청두의 차 도매시장.

　　그렇게 선생님과 만나 지하철을 타고 가서 차 시장 근처
역에 내리니 역 앞은 그야말로 허허벌판이었다. 역 앞에는
택시는 물론이고 버스도 오가지 않았다. 대신 오토바이들
이 쭉 늘어서 있었는데, 보통 오토바이 기사님들과 흥정해
서 뒷자리에 앉아 가는 것이 상례인 듯했다. 우리는 두 사
람이라 불법 택시 영업을 하는 이의 승용차를 찾아내 차 도
매시장까지 13위안에 흥정한 후 올라탔다.

　　도매시장에 도착한 후, 가게를 돌며 구경하지는 않고 바
로 선생님의 제자가 하는 차 가게로 갔다. 선생님의 제자는

본래 구이린桂林 출신으로 10년 전 여행으로 청두에 처음 왔다고 했다. 그녀는 내가 청두에 여행 왔다는 말을 듣고는 생긋 웃으며 나에게 물었다.

"혹시 그런 말 들어봤어? 청두는 한 번 오면 다시는 떠나고 싶지 않은 도시라는 말."

"들어보기도 했고 그 말의 의미를 실감하는 중이에요. 곧 한국으로 돌아가야 하는데, 돌아가고 싶지 않아요."

"그런 기분이 들 때 조심해야 해. 정말 다시는 떠나지 못하게 되거든."

10년 전 청두에 여행을 왔던 구이린 출신 아가씨는 그만 청두에 푹 빠져버렸다고 했다. 어느 순간 정신을 차려보니 10년이 흘러 있었다고. 그 10년 사이에 역시 푸젠福西 출신으로 청두에 여행을 왔다가 청두의 매력에 빠져 정착한 남자를 만나 결혼을 하고 '청두 사람'인 아이도 낳고, 가게를 열어 매일 청두 사람과 차를 사고팔고, 청두 사람들과 친구가 되고, 그렇게 청두 사람이 되어 있었다고 한다.

"여행자를 묶어놓는 도시는 정말 흔하지 않은데 말이에요."

"청두가 그런 곳이지."

이제 청두 사람이 된 그들 부부의 차 가게는 주로 푸젠 차

청두에 여행을 왔다가 정신을 차려보니 청두에서 살고 있었다는 구이린 출신의 차 가게 주인.

를 취급한다. 주인인 남편이 와서 정성껏 차를 우려주었는데, 송나라의 문인 문화를 사랑하고 휘종의 수금체瘦金體에 열광하는 사람이었다. 그리고 백차白茶를 사랑한다고 했다.

바쁜 시기가 지나간 도매시장은 특유의 시끄러운 분위기 없이 고요했다. 조용한 가게에서 송나라의 차 문화 이야기를 하며 백차를 마시노라니 비현실적인 기분까지 들 정도였다. 가게 주인은 그간 내가 알고 있던 송나라의 차 문화는 송나라 후기의 문화에 가깝다고 하며, 자신은 초기 문화를 좋아한다고 했다. 또한 송대 초기의 차는 백차에 가깝다고 생각하기 때문에 백차를 사랑한다고. 그는 차를 마실 때마다 자신이 사랑하는 송나라 초기로 돌아가는 것 같다고 말하며 웃었다.

도매시장에서 차를 마시는 순간순간 과거로 돌아가는 사람을 만날 줄이야. 가게에는 마두암馬頭岩이니 금준미金駿眉니 하는 고급 차들도 많았지만, 주인은 확실히 백차에 애정을 쏟고 있었다. 6년 된 어른 백차와 3개월 된 아기 백차도 비교 시음하고, 또 같은 차를 우려도 보고 끓여도 보았다. 둘 다 아주 맛있었고, 삼 개월 된 아기 백차는 정말 몇 년 후가 기대되는 근사한 맛이었다. 그러나 내 주머니 사정에는 비싼 편이라 결국 고민하다가 염치 불고하고 일어서는데, 찻집 주인이 몽정황아와 감로를 슬쩍 건네주었다. 한국에 가서 청두가 그리울 때면 마시라고. 그때 받은 차는 지금도 아껴가며 마시고 있다. 청두에 여행을 갔다가 운명처럼 정착해버렸다는 그 부부를 생각하며, 언젠가 나도 청두에 정착하고 싶다는 생각을 하면서.

저 '청두 사람'이 된 부부의 가게를 나와 우리는 한국의 내 친구들이 부탁한 벽담표설을 사러 다른 가게로 갔다. 아쉽게도 그집에서는 벽담표설을 취급하지 않았다. 여기저기 둘러보다 들어간 가게에서 20대 초반으로 보이는 아가씨가 우리에게 차를 우려주겠다며 앉으라고 손짓했다. 이미 차를 잔뜩 마시고 나온 참이었지만 거절할 수 없어 자리에

젊은 나이에도 예민한 감각을 보여주던 찻집의 직원. 자신이 우린 차를 기쁜 표정으로 들어 보이고 있다.

앉았다.

아가씨가 차를 우리기 시작했다. 내가 한국인이라는 것을 알게 되자 생글거리며 자기 사진을 찍어 한국 인터넷에 올려달라고 말하던 귀여운 아가씨는 차를 우리기 시작하자 표정이 변했다. 물의 온도와 찻잎의 양, 물의 양을 맞추고 시간을 가늠했다. 스물 갓 넘어 보이는 얼굴이었지만 차를 우리는 내공은 보통이 아니었다.

그녀를 보며 확실히 차 산지에서 자란 사람들은 다르다는 생각이 들었다. 베이징 차 시장에서 스물 남짓한 연령대의 상인들과 이야기를 하다 보면 상대의 구력이 짧고 경험이 적다는 것을 느낄 수 있었다. 차를 표현할 때도 그랬다.

예를 들자면 '이 차가 좋다'는 것까지는 알아도 왜 좋은지 등급이 낮은 차에 비해 어떤 향과 맛이 우월한지 설명하지 못하는 경우가 대부분이다. 그러나 청두 출신의 차 상인들은 확실히 달랐다.

"전체적으로 느껴지는 향 말고, 지금 살짝 다른 향이 스치고 지나갔을 텐데 느꼈어요?"

"두 번째 우린 차랑, 세 번째 우린 차랑, 부드러운 느낌이 다르죠? 내가 물줄기를 조절해서 그래요. 두 번째랑 세 번째 중에서 어떤 느낌이 더 마음에 들어요? 세 번째 우린 찻물이 목으로 넘어갈 때 향이 슬쩍 코 뒤로 올라오는 거 느껴져요?"

그간 중국인들과 차 이야기를 하며 업계 사람들과 이야기하더라도 내가 표현력이 부족하다는 생각은 거의 해본 적이 없었는데, 청두를 여행하면서는 여러 번 진땀을 뺐다. 이날도 내 혀가 많이 부족하다는 생각이 들어, 생글생글 웃는 이 아가씨 앞에서 그만 바짝 긴장하고 말았다. 물론 내가 쓰촨 차에 익숙하지 못하기 때문일 수도 있지만, 나는 미묘하게 간신히 느끼는 감각을 상대는 아주 강렬하게 느끼고 표현하는 것을 보면 내가 많이 부족하다는 생각이 들어 살짝 서글프기도 했다. 더불어 아직 젊은 나이에도 차를 제대로 품하고 우려내는 이 아가씨가 어떤 다인이 될지 궁금하기도 했다. 차를 사랑하는 도시 청두에 이런 젊은이들이 얼마나 많을지, 역시 차를 사랑하는 입장에서 몹시 두근거리기도 했고 말이다.

차를 함께 마신다는 것

청두에 머무는 동안 정말 남부럽지 않게 차를 마셨다. 그러나 청두를 떠날 때까지 마음에 흡족한 몽정차를 마셔보지는 못하고 있었다. 몽정차를 청두까지 운송하는 데 시간이 꽤 걸리는 모양이었다. 몽정차를 취급하는 찻집이 의외로 많지 않았고, 취급하는 곳에서도 올해 몽정차는 아직 준비하지 못했다는 이야기를 듣기 일쑤였다.

정말 예상하지 못했던 일이었다. 쓰촨 차의 대표라면 몽정차가 아닌가. 조선 시대 추사마저 격찬했던 몽정차인데, 쓰촨의 성도인 청두에서 제대로 된 몽정차를 접하기가 이리도 어려울 줄이야. 나는 다시 청두 사람들의 호의에 기대기로 했다. 사람들을 만날 때마다 몽정차를 마셔보고 싶다고 애절하게 이야기하고 다녔고, 마침내 청두에서 알게 된

차 선생님께서 연락을 주셨다. '내 제자의 다실인데, 올해 몽정차를 가지고 있다고 하더라. 이야기해두었으니 연락하고 한 번 가보도록 해.'

나는 이 다실이라는 단어를 영업하는 찻집이라는 의미로 이해했다. 그래서 저녁 시간에, 남의 개인 다실에 찾아가며 꽃 한 송이 없이 가는 무례를 저지르고 말았다. 받은 주소 대로 찾아가 보니 보통 사람들이 거주하는 아파트 단지여서 당황하고 말았는데, 나에게 정식으로 차를 우려주기 위해 하얀 치파오까지 곱게 차려입은 잉잉이 나타났을 때는 그만 쥐구멍에라도 들어가고 싶었다.

"며칠 후에 친구들과 청두 근교로 이틀 동안 여행을 가거든. 청나라 때 건축물이 그대로 남아 있는 곳이라, 거기서 치파오 다회를 하기로 했어. 오늘 마실 몽정차도 원래 그 다회 때 첫 선을 보이려고 준비한 거고. 네가 몽정차를 마시고 싶어 한다는 이야기를 듣고 처음에는 너도 다회에 초청할까 생각했는데, 아, 물론 너는 치파오는 면제해줄 생각이었어. 그런데 선생님께서 네가 이틀 후에 한국으로 돌아갈 예정이라 다회 날짜에 맞출 수가 없다고 하시더라. 그래서 생각 끝에 내 다실에 초대하기로 한 거야. 청두까지 와서 몽정차를 마셔보지 못하고 돌아가는 건 말도 안 되잖아!"

잉잉이 조근조근 말했다. 처음 보는 나를 다회에 초대할 수 없다는 것이 못내 아쉬웠던 모양이었다. 청두 사람들의 다정함에는 꽤 익숙해졌다 생각했는데, 다시 한 번 감정의 파도가 밀려왔다. 비자 문제만 아니었다면 당장이라도 한국으로 돌아가는 비행기표를 포기하고 다회에 따라가고 싶은 다정함이었다.

잉잉의 다실은 아파트 꼭대기 층에 있었다. 평범한 아파트로 보이는 문을 열고 현관으로 들어서는 순간, 절로 탄성이 나왔다. 잉잉이 나의 반응에 뿌듯해하며 집을 설명했다.

"옛날 집을 하나 부순다는 이야기를 들었어. 너무 아쉽다는 생각이 들길래, 그 집의 부재들을 가져왔지."

잉잉은 옛집의 부재를 떼어와 다실을 꾸몄다고 했다. 현관은 옛집의 대문으로 꾸몄는데, 아파트다 보니 현관이 좁아서 주춧돌을 양쪽 모두에 설치하지는 못하고 한쪽만 남겨두었다. 옛집에서 떼어 온 문을 사용해서 발코니로 향하는 폴딩 도어를 만들고, 창을 떼어 와 조명을 장식했다. 집 구석구석에 남아 있는 옛집의 흔적, 그리고 잉잉이 모아둔 다구들을 구경하노라니 잉잉이 은주전자에 물을 끓이기 시작했다.

옛 집의 창문을 조명 장식으로 이용한 잉잉의 다실.

"먼저 몽정감로蒙頂甘露를 우리고, 그다음에 몽정황아夢頂黃芽를 우릴게."

잉잉은 차가 좋아 직장을 그만두고 차를 공부하고 있다고 했다. 고급 다예사인데도 공부할 것이 남았느냐고 물었더니 차의 세계는 깊고 넓어 공부를 해도 해도 끝이 없다고 말하며 웃었다. 차를 진지하게 마시기 시작한 후, 다실이 있으면 좋겠다는 생각을 늘 했는데 마침 아파트 한 채가 이런저런 사정으로 비어 있게 되어 다실로 꾸몄다고 했다.

"다실이 생기니 친구들이 자주 와서 함께 차를 마시면서 토론하게 되어서 좋아. 대화를 나누는 것도 공부가 되니까."

잉잉은 정성껏 개완을 데우고, 따뜻해진 개완 안에 제 손톱 끝 하얀 금처럼 작고 여린 찻잎을 넣었다. 청두 사람들이 그러하듯 물줄기를 세심하게 조절해서 차를 우려낸 후 내게 권했다.

"지난주에 멍딩에 직접 가서 가져온 차야. 몽정감로는 명나라 가정嘉靖 연간부터 기록이 있는 차지. 음, 보통 춘분 때, 그러니까 다원에 있는 차나무 중 5% 정도가 싹을 틔웠을 때 찻잎을 채취해. 보통 싹만 따거나 싹 하나에 잎 하나, 그렇게 따지. 자, 찻잔 안을 좀 볼래?"

노란빛이 감도는 여린 연둣빛 찻물 위로 은빛 솜털이 반

청두 친구 잉잉의 다실.

짝이고 있었다.

"몽정감로는 이 솜털이 참 예뻐."

차를 삼키니 맑고도 달았다. 왜 감로, 단 이슬이라고 했는지 알 것 같은 맛이었다. 나는 별다른 말을 하지 않았지만 내 표정만 보고도 잉잉은 내 느낌을 알아차린 것 같았다. 잉잉은 미소를 지으며 다시 물을 끓이고 몽정황아를 우렸다.

"몽정황아는 황차인데, 사실 1950년대까지만 해도 멍딩

잉잉이 멍딩에서 가져온 차를 우리고 있다.

산에서 나는 차는 주로 황아였어. 요즘은 감로가 인기를 끌면서 차를 만드는 분들이 감로만 만드는 경우가 많아. 이황아는 내가 아는 나이 많은 분이 만든 건데, 매년 멍딩에갈 때마다 이분께 내년에도 황아를 만드셔야 한다고 채근하고 오곤 해. 내가 황아를 아주 좋아하거든. 그분이 황아를만들지 않는 날이 올까 봐 늘 마음 졸이고 있어."

몽정황아를 우려낸 개완 안에 푸른빛이 도는 노란 찻물이 넘실거렸다. 황금빛 솜털이 떠오른 황아를 마셨다. 달지만 감로와는 다른 단맛이었다. 무겁지 않고 상쾌했다. 세 잔을 마신 후 잉잉에게 말했다.

"네가 왜 몽정황아를 좋아하는지 알 것 같아."

잉잉에게는 이 감상만으로도 충분한 것 같았다.

"백거이의 시 중에 거문고와 차라는 의미의 〈금차琴茶〉라는 시가 있어. 그 시에 이런 구절이 나와. '거문고라면 녹수만을 알 뿐이고, 차라면 몽산의 차가 오랜 벗이니. 좋을 때나 나쁠 때나 늘 함께하는데, 누가 지금 나에게 오가는 이 없다 하는가'."

백거이는 사람에게 상처를 많이 받았던 것일까? 그도 아니면 스스로 차와 물에 정통한 별차인別茶人이라 자처하던 호기로 지은 시일까? 나 역시 사람 때문에 상처받았을 때 차에게서 위로를 구했다. 차는 백거이의 오랜 벗일 뿐 아니라 나의 오랜 벗이기도 했다. 또한 나는 언제나 차는 홀로 마실 때가 가장 좋다고 주장하는 사람이다. 하지만,

"홀로 마시는 차도 좋지만, 그 차를 누군가와 나누는 것도 참 좋은 일인데."

백거이가 오랜 벗이라 이야기한 몽정차를 잉잉을 처음 만난 날 함께 마시며 우리는 친구가 되었다. 그날 밤 12시가 넘도록 차 이야기를 나눴다. 나는 차를 처음 마셨을 때의 느낌을 이야기했고, 잉잉은 차를 공부하기로 마음먹었을 때를 이야기했다. 다섯 시간 내내 좋아하는 차 이야기를 나누다가 마침내 아쉽게 다실을 나오는데, 잉잉이 섭섭한 목소리로 말했다.

"이틀 후에 한국에 가면 한국에서 이틀 밤만 자고 다시 오면 안 될까? 네가 청두에 살면 좋겠어. 내 다실에 자주 놀러 와서 함께 차를 마실 수 있으면 참 좋을 텐데."

그날 나는 추사가 초의에게 글씨를 보낸 의미를 알 수 있었다. 그 글씨는 단순히 초의가 보내온 차에 대한 보답이 아니었다는 것을, 그것은 함께 차에 대해 이야기할 수 있는 지기에 대한 그리움의 표시였다는 것을, 나는 4월의 청두에서 몽정차의 향과 함께 알게 되었다.

잉잉의 다실 벽을 장식하고 있는 아름다운 다구들.

tip

청두의 찻집들

미쉰차스邈寻茶室

🏠 中国成都锦江区笔帖式街81号
📞 (028)62974193
🕐 11:00~21:30
🚶 지하철 2, 3호선 춘시루 역에 하차 후 도보 5분. 타이구리 내 지도를 이용해 찾기를 추천한다.

이미 마파두부 맛집으로 소개한 곳이지만 이곳은 원래 찻집이다. 정원에 앉아 차를 마시면 그야말로 행복해지는 곳. 이곳에서 청두식 애프터눈티를 즐겨보는 것도 좋을 것이다. 2인 268위안 코스의 애프터눈티를 택할 경우 미쉰에서 직접 블렌딩한 봄, 여름, 가을, 겨울차

중에서 차를 선택할 수 있는데, 난향을 입힌 봄차를 추천한다. 애프터눈티 세트에 나오는 다과류는 배가 부른 종류는 아니니 점심을 먹고 가는 것이 좋다. 차의 가격대는 좀 높은 편이다. 차 외에 식사와 다과도 맛볼 수 있다. 런치는 11시 반부터 2시, 애프터눈티는 2시부터 5시, 디너는 5시 반부터 9시 반까지.

청두 댜오위타이 호텔成都钓鱼台精品酒店

🏠 中国 成都市青羊区宽巷子38-39号

📞 (028)6625 9999

🕐 호텔 정원은 날이 좋을 때만 운영한다. 호텔 안에 위치한 팡페이슈芳菲秀는 서양식 애프터눈티를 즐길 수 있는 라운지로 24시간 영업한다.

🚶 지하철 4호선 콴자이샹쯔 역 하차 후 도보 1분

호텔 안에 차를 마실 수 있는 공간이 따로 있지만 정문 안쪽 작은 정원이 더 운치가 있다. 콴자이샹쯔에 갔던 날, 몹시 지쳐서 차를 마실

곳을 찾고 있었다. 호텔을 둘러싼 대나무 안쪽으로 사람들이 차를 마시는 것이 보여 들어가 빈 테이블에 앉았다. 묘한 기분이었다. 대나무를 사이에 두고, 거리에서는 사람들이 시끄럽게 오가는데 내가 앉아 있는 정원은 고요하기만 했다. 개완에 나오는 벽담표설은 38위안, 더위를 식혀주는 차가운 매실차는 일회용 컵에 담겨 나오는데 12위안이다. 호텔 안 식당인 위위안御苑의 음식도 맛있으니 같이 들러도 좋다.

허밍차서鶴鳴茶社

🏠 成都市青羊区成都青羊区少城路12号

📞 18328596960

🕐 8:00~23:00

🚶 지하철 2호선 런민궁위안人民公园 역에 하차 후 도보 6분. 인민공원 안에서 찾아야 한다.

런민궁위안(인민공원) 안에 있는 백 년 된 찻집. 이미 국내 매체를 통해 여러 번 소개된 곳으로, 청두에 가는 이들이라면 꼭 한 번은 들러보는 곳이다. 런민궁위안은 콴자이샹쯔에서 가깝고 충분히 걸어갈 수 있는 거리이니 콴자이샹쯔에 갈 때 들러도 좋다.

공원에서 차를 마시노라면 청두만의 특별한 운치를 느낄 수 있다. 런민궁위안에 가기 어려운 상황이라면 왕장루궁위안望江路公园(망장로공원)을 추천한다. 왕장루궁위안에는 당대의 여 시인 설도 기념관이 있고 무엇보다 근사한 대나무 숲이 있다.

바댜오차서坝调茶社

🏠 成都市二环路南三段20号 4층
📞 (028)85139999-8511
🕐 9:00~23:00
🚶 황청라오마 본점은 지하철 1호선 니자차오倪家桥 역, 퉁쯔린 桐梓林 역이 그나마 가깝지만 2km 이상 떨어져 있다. 택시 이용을 추천한다.

중국의 유명 훠궈 체인인 황청라오마에서 운영하는 찻집. 청두에 위치한 황청라오마 본점의 4층에 있다. 훠궈로 저녁을 먹고 4층에 올라가 옆 테이블에서 들려오는 마작 패 소리를 들으며 차와 중국식 디저트를 시켜 먹는 재미도 쏠쏠하다.

청두화위안成都画院

🏠 成都市青羊区下同仁路80号
📞 (028)86275483
🕐 화~일(9:00~17:00)
🚶 지하철 4호선 콴자이샹쯔 역 하차 후 도보 2분

청두시 미술관成都市美术馆이라고도 한다. 콴자이샹쯔에서 살짝 비껴난 거리의 고택을 개조해 만든 미술관이다. 무료로 미술 전시를 구경하고 정원에 앉아 차를 마실 수 있다. 차는 15위안에서 30위안 선. 이곳은 아는 사람이 거의 없어 평일에 가면 정원을 독점하다시피 할 수 있다. 차의 품질보다는 청두의 고즈넉한 분위기를 흠뻑 만끽하고 싶

은 사람들에게 추천한다. 청두에 나만 아는 곳을 남겨두고 싶은 마음에 소개하지 않을까 하다가 소개하는 곳이다.

이예멍산一叶蒙山

🏠 成都市青羊区宽巷子27

📞 (028)86690606

🕐 월요일(13:00~22:30), 화요일~일요일(09:30~22:30)

🚶 지하철 4호선 콴자이샹쯔 역 하차 후 도보 5분

이예멍산은 중국의 유명한 차 브랜드인 정산탕正山堂에서 새로 런칭한 브랜드이다. 정산탕은 주로 정산소종正山小種을 생산하던 곳으로, 금준미를 처음 만든 곳이기도 하다. 근 몇 년에 걸쳐 정산탕은 쓰찬의 찻잎에 정산소종을 만드는 공법을 결합한 차를 개발해왔고, 그 결과가 바로 이예멍산이다.

콴자이샹쯔에 가면 이예멍산 직영점이 있다. 전면의 상점에는 금준미를 비롯한 정산탕의 차와 이예멍산의 차를 판매 중이다. 차에 어울리는 다구도 판매 중인데, 주돤사오九段燒를 비롯 주로 경덕진에서 손에 꼽히는 요장의 물건들이다. 가격이 상당해 구매는 어려울지라도 구경만으로 충분히 눈이 즐거워지는 곳이다.

안쪽으로 들어가면 차를 마실 수 있다. 주변의 찻집에 비해 가격이 높은 편이지만, 시끄러운 콴자이샹쯔에서 벗어나 조용한 분위기에 정성을 들인 차를 마시는 것으로 그 가치는 충분히 한다. 야트막한 책장에는 문사철 분야의 책들이 꽂혀 있는데, 자연스럽게 책을 뽑아 읽고 싶은 분위기를 풍긴다. 시끄러운 콴자이샹쯔에서 오래오래 쉬어가고 싶은 찻집이다. 예산은 1인 최소 80위안 이상. 정산탕의 금준미 같은 차는 특히 가격대가 높다.

허징차서和境茶社

🏠 成都市青羊区下同仁路30号附8号
📞 (028)64059818
🕘 09:30~22:00
🚶 지하철 4호선 콴자이샹쯔 역 하차 후 도보 5분

가능하면 이 찻집을 캐어다가 한국에 있는 집 앞에 심고 싶었다. 그

만큼 매일 가고 싶은 찻집이었다. 이 찻집에서 차를 마실 때, 정말로 청두 사람이 되고 싶었다. 봄이 오면 일 년 마실 차를 사서 내가 제일 좋아하는 찻잔과 함께 보관해두고 언제든지 들러 자릿세만 내고 차를 마시는, 그런 청두 사람의 일상을 보내고 싶다는 마음이 들게 하는 찻집이다. 죽간에 얌전히 쓰인 차의 목록이며 가지런히 정리되어 있는 찻잔들이 몹시 정이 간다.

청두의 차 도매시장

우콰이스차예스창五块石茶叶市场

🏠 四川省成都市金牛区西二路2号
🕐 가게마다 영업시간이 다르다

청두의 차 도매시장은 우콰이스五块石라는 지역에 있다. 지하철 1호선 훠처베이잔火车北站 역에 내려서 차를 타거나 걸어가면 된다. 우콰이스 지역은 차 도매시장뿐 아니라 각종 물건의 도매시장이 함께 있기 때문에 몹시 혼잡하고 교통도 복잡한 편이다. 안전에 주의하는 편이 좋다.

우콰이스 차 도매시장은 중국 서부에서 가장 큰 도매시장으로, 4월 초에 가면 새로 나오는 차를 판매하느라 모두 눈코 뜰 새 없이 바쁘다. 차 산지에서 태어나 자란 이들답게 자신들이 판매하는 차에 자부심이 있어, 바쁜 시기를 피해가면 대부분 손님과 차에 대한 이야기를 나누는 것을 즐기는 편이다. 쓰촨에서 나는 차라면 너무 비싸지 않은 등급으로 사도 품질이 꽤 괜찮다. 차를 대량으로 구매하고 싶은 경우 들러볼 만하다.

추천 카페와 디저트샵

여행을 다니다 보면 가끔 진한 커피 한잔이나 달콤한 디저트가 생각날 때도 있는 법. 청두에는 들러볼 만한 카페와 디저트샵도 많다. 청두에 머무는 동안 유난히 좋았던 몇 곳을 추천한다.

LAN'S PATISSERIE

🏠 东大街99号 징룽후이 쇼핑몰晶融汇购物广场 1층 113호
📞 (028)64656619
🕐 11:00~22:00

🚶 지하철 2, 3호선 춘시루 역에 하차 후 도보 5분

춘시루의 타이구리 근처에 위치한 디저트샵. 언제 가더라도 줄을 서서 대기해야 한다. 청두 친구의 손에 이끌려 이곳에 간 날은 유난히 더워서 줄을 서야 한다는 사실에 조금 짜증이 났다. 어디, 얼마나 맛있길래 이렇게 줄을 서야 하는지 두고 보자고 생각하며 줄을 서서 기다리다 마침내 가게 안에 들어가 하나하나 정성 들여 만든 디저트를 고르는 순간 줄을 섰을 때의 원한은 눈 녹듯 사라지고 말았다. 나는 소금을 넣은 딸기 치즈 무스와 깔라만시와 밀크 초콜렛 타르트를 먹었는데 둘 다 예쁜 모양만큼이나 맛있었다. 청두를 떠나기 직전에야 이곳을 알게 되어 다른 종류의 디저트를 맛보지 못하고 온 것이 아직까지 안타까울 정도다. 가격대는 좀 있는 편으로, 디저트 하나에 음료 하나를 주문할 경우 120위안 정도의 예산을 잡아야 한다.

Magic PeterPan

🏠 成都 武侯区 인타이중신银泰中心in99 8층 801호
📞 (028)65225123
🕐 10:00~22:00
🚶 지하철 1호선 진룽청金融城 역에서 하차 후 도보 14분

청두 남쪽에 위치한 쇼핑몰 인타이중신银泰中心in99 8층에 위치한 디저트샵. 관광지와 멀기 때문에 여행자가 들르기에는 조금 거리가 있는 곳이다. 굳이 찾아가기보다는 근처를 지날 때 한번 들러볼 만한 곳.

나는 이 쇼핑몰에 위치한 서점에 간 참에 이 디저트샵에 들르게 되었는데, 동화적인 분위기로 꾸며놓은 곳에서 정성 들여 만든 디저트를 맛보는 기분이 참 좋았다. 다만 디저트가 내 입맛에는 많이 단 편이었다. 차보다는 커피를 곁들이는 편을 추천한다. 예산은 디저트 하나

에 음료 하나를 주문할 경우 90위안 정도.

커충허추라이客从何处来 Doko Bar

🏠 成都 锦江区 타이구리1118호 2105A

📞 (028)87062155

🕐 11:00~23:00

🚶 지하철 2, 3호선 춘시루 역에 하차 후 도보 5분. 타이구리 에르메스 매장 근처에 위치하고 있으므로, 먼저 에르메스 매장을 찾는 편이 찾기 쉽다.

'손님께서는 어디서 오셨는지요'라는 의미의 이름을 가진 카페. SNS를 하는 중국 젊은이들 사이에서 가장 인기 있는 카페이다. 본점은 베이징 산리툰三里屯에 있고, 청두점은 타이구리 안에 위치하고 있어 여행자가 들르기 쉽다.

군데군데 인생샷을 남길 만한 모던하면서도 감각적인 인테리어에,

디저트나 음료와 어울리는 그릇 매치가 눈을 즐겁게 해준다. 가장 인기있는 디저트는 말리화 크레이프茉莉花千层와 찹쌀을 이용한 티라미수提拉米苏糯米糍. 예산은 1인 120위안 정도.

후이카페이绘咖啡

🏠 成都市锦江区锦官驿街1号水锦界10栋1号(수이징탕점)
📞 (028)81453695
🕐 10:00~22:30
🚶 지하철 2호선 둥먼다차오东门大桥 역 하차 후 도보 9분

가장 청두다운 카페를 찾는다면 후이카페이를 추천하고 싶다. 후이는 '그림을 그리다'라는 의미이고, 카페이는 커피. 즉 후이카페이는 커피에 그림을 그려주는 것으로 유명한 카페다. 카페의 메뉴판을 펼치면 여러 종류의 라떼아트 도안이 있고, 고객이 원하는 대로 라떼아트를 해준다.

청두에 지점이 몇 곳 있지만, 수이징탕水璟唐 지점을 추천한다. 수이징탕은 옛 건축물을 개조해 만든 상업지구로, 고즈넉한 분위기에서 청두를 즐길 수 있다. 날이 좋은 날, 수이징탕에 위치한 후이카페이의 정원에 앉아 주문한 커피를 기다리노라면 내가 바로 청두 사람이 된 것 같은 기분에 빠지게 된다. 후이카페이의 다른 지점에서는 커다란 카푸치노잔에 커피를 내오지만, 수이징탕 지점에서는 청두를 상징하는 개완에 커피를 내오기 때문에 그 맛이 더욱 각별하다. 예

산은 1인 35위안 정도.

수이징탕에는 오후 늦게 가는 것을 추천한다. 마지막 햇볕을 즐기며 커피를 마시고, 예스런 건축물 사이를 천천히 걷는 것도 좋다. 근처에는 중국의 명주인 수이징팡을 기념하는 박물관도 있고, 각종 바와 식당이 모여 있는 란콰이퐁蘭桂坊도 있다. 해가 진 후 근처의 강가로 가면 금강의 지류인 남하南河와 부하府河가 만나는 곳에 세워진 정자인 허장팅合江亭이 보일 것이다. 허장팅에서 바라보는 안순랑차오安順廊桥는 청두가 자랑하는 야경이다.

허장팅에서 바라본 안순랑차오의 아름다운 야경.

에필로그

모든 살아 있는 것에는 특유의 매력이 있기 마련이다. 사람에게는 사람마다의 매력이 있고, 꽃에게는 꽃마다의 매력이 있으며, 동물에게는 그 동물만의 매력이 있다. 도시 역시 살아 있는 생명체로 자신만의 매력을 지닌다. 다만 그 매력이 가장 돋보이는 시기가 꼭 그 도시가 가장 만개하는 시기와 겹치는 것은 아니다. 허허벌판이던 땅에 사람들이 모여들어 도시를 건설하면, 개개인이 자연스럽게 그 도시에 녹아들어 그 지역 사람들 특유의 기질을 만든다. 그리고 그 지역 사람들 특유의 기질과 역사가 어우러지는 순간, 그 도시는 그 어느 때보다도 강렬한 매력을 내뿜게 된다.

　역사를 전공했기 때문일까. 나는 어느 도시에 가건 그 도시가 가장 아름다웠던 순간을 상상하는 버릇이 있다. 베이징에 갈 때면 청나라 때의 화려한 거리를 떠올리고, 항저우에 갈 때면 소동파가 살던 시절을 떠올리는 식이다. 그 도시가 품고 있는 기질과 역사가 가장 어울렸을 순간을 상상하는 것이 내가 여행을 즐기는 방식이다.

청두에 가기 전 나는 계속 상상하고 있었다. 청두가 가장 매력적이었던 시대는 어느 때였을까. 청두를 여행하는 동안 나는 어느 시대를 살게 될까. 그리고 청두에 도착하고 며칠 지나지 않아, 나는 내가 계속 현재를 살고 있다는 사실을 깨달았다. 청두의 과거는 아름다웠고 청두의 미래 역시 아름다울 테지만, 나에게 청두라는 도시가 가장 매력적인 순간은 바로 지금이었다.

지금의 청두는 마치 4월 같은 도시다. 4월의 풀잎처럼 여릿하게 푸른 빛깔을 품은 도시, 만개하기 전 꽃봉오리 같은 상태의 도시. 청두는 중국에서도 손꼽히게 오랜 세월을 버텨온 도시다. 청두에 가기 전 나는 청두에서 오래 묵은 도시 특유의 매력을 느끼게 되리라 생각했다. 그러나 내가 만난 청두는 봄 같은 도시였다. 최근 들어 다른 도시들과 연결된 고속철 때문일까, 아니면 지진 이후 도시를 다시 디자인하며 새로이 도읍을 이루고 있기 때문일까.

아마도 10년 후 청두는 경제적으로건 문화적으로건 완전하게 꽃을 피울 것이고, 그 화려한 꽃은 분명 아름다울 것이다. 그러나 청두 사람들의 여유로운 기질에는 4월의 봄 같은 푸른빛이, 만개하기 전 꽃봉오리 같은 느낌이 어울린다. 2018년은 청두의 긴 역사에 있어 4월 같은 시기이고, 나에게 있어 청두가 가장 큰 매력을 품은 시기이다.

청두에 도착한 지 열흘째 되던 날, 나는 두보초당의 찻집에 앉아 말리화를 띄운 녹차를 마시며 생각했다. 백 년 후 나와 같은 여행자가 청두에 오면 오늘의 나를 부러워할 거라고. 나는 이 아름다운 도시가 가장 매력적인 이 순간을 목격하고 있으니까. 백 년 후의 여행자는 내가 여행하는 순간의 청두를 마음에 품고 다닐 테니까.

다정하고 예의 바른 청두 사람들, 먹는 것을 좋아할 뿐 아니라 먹을 줄 아는 청두 사람들이 만들어내는 맛의 향연, 청두에 가득한 말리화 향기와 책장을 넘기는 소리, 그리고 마음을 평화롭게 만드는 초록빛 풍경까지, 이 책을 읽은 분들이 4월을 닮은 청두를 직접 느껴볼 날이 오기를 기원한다. 내가 이 책에 쓴 청두의 매력이 실제 매력의 아주 작은 일부분에 불과하다는 것을 부디 알 수 있도록.

청두, 혼자에게 다정한 봄빛의 도시에서

미식, 차향, 느긋함이 만들어준 여행의 순간들

초판 1쇄 발행 2019년 3월 29일
초판 2쇄 발행 2019년 4월 30일

지은이 이소정
펴낸이 연준혁

출판 2본부 이사 이진영
출판 9분사 분사장 김정희
편집 김경은
디자인 이영민

펴낸곳 (주)위즈덤하우스 미디어그룹
출판등록 2000년 5월 23일 제13-1071호
주소 (410-380)경기도 고양시 일산동구 정발산로 43-20 센트럴프라자 6층
전화 (031)936-4000
팩스 (031)903-3895
홈페이지 www.wisdomhouse.co.kr

값 14,800원
ISBN 979-11-89938-48-2 03910

이 도서의 국립중앙도서관 출판시도서목록(CIP)은 서지정보유통지원시스템 홈페이지 (http://seoji.nl.go.kr)와 국가자료공동목록시스템(http://www.nl.go.kr/kolisner)에서 이용하실 수 있습니다.(CIP 제어번호 : CIP 2019010085)

이 책의 본문 중 일부는 아리따 글꼴을 사용하여 디자인되었습니다.